LA INOLVIDABLE HISTORIA DE LA LUCHA DE UNA JOVEN
CONTRA LA CUADRIPLEJÍA Y LA DEPRESIÓN.

JONI EARECKSON TADA

HACIA UN NUEVO MILENIO

© 1977 EDITORIAL VIDA
Miami, Florida 33166-4665

Edición revisada (1993)

Publicado en inglés bajo el título: *Joni*
por *Zondervan Publishing House*
© 1976 por *Joni Eareckson* y *Joe Musser*

Diseño de cubierta: *Gustavo Camacho*

ISBN 0-8297-0774-3

Categoría: *Testimonio*

Impreso en Estados Unidos de América
Printed in the United States of America

99 00 01 02 03 04 ❖ 11 10 09 08 07 06

Para la gloria del Señor Jesucristo
— y dedicado con amor a mamá — por
cuyo intermedio el Señor me manifestó
especialmente su bondad y su amor.
Gracias a su corazón paciente y
comprensivo, puede descubrir
algo superior a la
entereza.

Prefacio

Aislado de otros, en sí mismo, ¿qué es un minuto? Tan sólo una medida de tiempo. Hay 60 en una hora, 1440 en un día. Hoy, que tengo diecisiete años, han transcurrido 9.000.000 de ellos en mi vida.

Y sin embargo, en algún plan cósmico, este minuto único está aislado. En estos 60 segundos se comprimió *mucho mas significado que en los millones de minutos que marcaron mi existencia anterior a este instante.*

En este fragmento de tiempo están encerradas tantas acciones, tantas sensaciones, tantos pensamientos y emociones . . . ¿Cómo podría describirlas? ¿Cómo puedo empezar a catalogarlas?

Recuerdo con toda claridad los detalles de esa escasa decena de segundos, segundos destinados a cambiar mi vida para siempre. Y no fueron precedidos por ninguna advertencia o premonición.

Lo que sucedió el 30 de julio de 1967, fue el comienzo de una aventura increíble que me siento obligada a compartir con otros, debido a todo lo que aprendí.

Oscar Wilde escribió: "Sólo hay dos clases de tragedias en este mundo: Una es no conseguir lo que uno quiere, y la otra es conseguirlo." Parafraseando su pensamiento, yo diría que hay igualmente dos clases de alegrías: Una es que Dios nos conteste todas nuestras oraciones. La otra es que *no* las conteste todas. Creo esto porque he descubierto que Dios conoce mis necesidades mucho mejor que yo. Y que se puede confiar en él, no importa qué rumbo tomen las circunstancias de nuestra vida.

JONI EARECKSON

"Así, aunque tenemos problemas por todos lados, nunca estamos sin salida; aunque tenemos preocupaciones, nunca nos desesperamos. Aunque nos persiguen, no estamos abandonados; aunque nos echan al suelo, no quedamos destruidos. Dondequiera que vamos, llevamos siempre en nuestro cuerpo la muerte de Jesús, para que se demuestre también en nosotros la vida de Jesús. . . . Todo esto ha sucedido para el bien de ustedes, para que al ser muchos los que reciben las bendiciones de Dios, muchos también le den gracias, para la gloria de Dios. Por eso, nunca nos desanimamos. Pues aunque nuestro cuerpo se va desgastando, nuestro espíritu va siendo renovado cada día."

2 Corintios 4:8-10,15,16
(Versión Popular)

Uno

El fuerte sol de julio se ponía hacia el oeste y daba un cálido resplandor rojizo a las aguas de Chesapeake Bay. La superficie del agua estaba pastosa y al zambullirme en ella, sentí en mi piel la fría claridad cubriéndome a medida que me sumergía.

Muchas cosas sucedieron simultáneamente en un revoltijo de hechos y sensaciones. Sentí que mi cabeza chocaba contra algo duro y resistente. En ese momento, torpe y locamente, mi cuerpo cayó sin control. Fue como si escuchara o sintiera un fuerte zumbido eléctrico, una sensación interna inexpresable. Algo así como un *shock* eléctrico combinado con una vibración, como si un pesado resorte de metal se desenroscara de pronto rápidamente, su movimiento ondulante amortiguado bajo la superficie del agua. No llegaba a ser un sonido, ni siquiera una percepción definida; simplemente una sensación. Y no sentí dolor.

Escuché por debajo del agua el sonido de la arena que crujía al raspar. Me encontré boca abajo en el fondo del agua. Pero *¿dónde? ¿Por qué estaba allí? ¿Por qué tengo los brazos atados al pecho?* Mis pensamientos gritan aturdidos. *¡Estoy atrapada!*

Sentí cómo una suave corriente del oleaje submarino me levantaba ligeramente y me depositaba de nuevo al fondo. De reojo alcancé a distinguir la claridad de la luz por encima. Se disipó un poco mi confusión. Recordé haberme zambullido en la bahía. *¿Y después? ¿Habré quedado atrapada en una red? ¡Necesito salir!* Trato de patalear. *¡Mis pies también parecen estar atados y atrapados!*

De pronto me viene pánico. Con toda la fuerza de mi voluntad hago un esfuerzo por voltearme. No pasa nada. Otra oleada de marea me levanta y pasa ondulante.

¿Qué sucede? Me golpeé la cabeza. *¿Estoy consciente?* Tratar de moverme es como tratar de moverse en un sueño. Imposible. *¡Pero me voy a ahogar! ¿Me despertaré a tiempo? ¿Alcanzarán a verme?* No puedo estar inconsciente porque me doy cuenta de lo que está pasando. *¡No! estoy viva.*

Sentí que la presión del aire en mis pulmones comenzaba a crecer. Pronto iba a tener que respirar.

Otro movimiento del oleaje me volvió a levantar suavemente. Por mi conciencia comienzan a girar locamente, fragmentos de caras, pensamientos y recuerdos. Mis amigos, mis parientes; cosas de las cuales sentía vergüenza ... quizás era Dios el que me llamaba para que yo le diera una explicación.

— ¡Joni!

Sentí el eco de una voz sombría que me llegaba como por un corredor misterioso. Como si me estuvieran buscando. ¿Era Dios? ¿La muerte?

Estoy por morir. ¡No quiero morir! ¡Ayúdenme por favor!

— ¡Joni! ...

¿A nadie le importa que yo esté aquí? ¡Necesito respirar!

— ¡Joni! ...

Esa voz ... Ahogada por el agua, suena muy distante. Ahora está más cerca.

— ¡Joni! ... ¿estás bien?

¡Kathy! Mi hermana me está mirando. ¡Kathy ayúdame! ¡Estoy atrapada!

La ola de marea siguiente fue un poco más fuerte que las anteriores y me elevó un poco más arriba: Pero volví a caer contra el fondo, raspándome los hombros y la cara con las piedritas, la arenilla y las conchas rotas.

9

—Joni, ¿estás buscando conchas?

¡No! Estoy atrapada aquí abajo – agárrame! ¡Ya no aguanto más sin respirar!

—¿Por qué te zambulliste aquí que es tan poco profundo? — le oí decir a Kathy, ahora claramente.

Por la sombra me di cuenta que estaba directamente encima de mí. Luché para no dejarme llevar por el pánico, pero sabía que no tenía ya más aire. Comencé a ver todo oscuro.

Luego sentí los brazos de Kathy sobre mis hombros, tratando de levantarme.

¡Por favor, Dios mío! ¡No me dejes morir!

Kathy se esforzó una vez más, tropezó, y luego volvió a intentar. *Dios mío, ¡cuanto más?* Todo estaba negro y sentí que me iba hundiendo a medida que me alzaban. Justo antes de desmayarme, sentí que mi cara salía a la superficie del agua. ¡Aire! Un aire hermoso, vitalizador, con sabor salino. Atragantada con tanto oxígeno, casi me vienen arcadas. Respiré entrecortadamente y tragué varias bocanadas.

—Gracias Dios mío . . . gracias — alcancé a pensar.

—¡Eh! ¿estás bien? — me preguntó Kathy.

Parpadeé para despejar mis ideas y librarme de la confusión que sentía. Pero no me sirvió de nada porque observé que mi brazo colgaba inerte sobre el hombro de Kathy, y sin embargo yo sentía que lo tenía sujeto contra el pecho.

Me miré: mis brazos no estaban atados al pecho. Luego advertí con terror creciente que mis piernas colgaban sin vida. ¡No podía moverlas!

En medio de la confusión, Kathy se hizo cargo de todo. Hizo señas a un nadador que estaba con un bote inflable a corta distancia. Juntos lograron ponerme en el bote y empujarme hasta la orilla. Escuché el ruido de la balsa al deslizarse sobre la playa de arena.

Traté de levantarme pero era como si estuviera clavada

a la balsa. La gente comenzó a arremolinarse para saber qué había sucedido. Pronto hubo muchas personas alrededor mío, empujándose para mirar con curiosidad. Sus miradas y cuchicheos me hacían sentir más incómoda, asustada y confundida.

— Kathy, por favor, diles que se vayan.

— ¡Retírense todos, por favor! Alguien llame a una ambulancia. ¡Por favor, hagan lugar! ¡Necesita aire! — ordenaba Kathy.

Butch, el novio de Kathy, se arrodilló a mi lado. Su figura delgada me escudaba de la multitud, que ahora comenzaba a retirarse.

— ¿Estás bien? — me preguntó.

Sus grandes ojos oscuros, por lo común alegres y llenos de picardía, estaban ensombrecidos por la aflicción.

— Kathy . . . ¡no puedo moverme!

Me sentía asustada y podía darme cuenta que ellos también lo estaban.

Kathy asintió con la cabeza.

— ¡Sostenme!

— Lo estoy haciendo, Joni.

Me levantó las manos para mostrarme que las estaba sosteniendo fuertemente.

— Pero no siento nada . . . Abrázame.

Kathy se agachó y me encerró en sus brazos. No pude sentir nada.

— ¿Sientes esto? — me tocó la pierna.

— No — le dije.

— ¿Y esto? — me pellizcó el antebrazo.

— ¡No! — contesté, llorando —, ¡no lo puedo sentir!

— ¿Puedes sentir esto? — su mano se deslizó hasta mi hombro.

— ¡Sí, sí! ¡Eso puedo sentirlo!

De pronto todos nos sentimos aliviados y llenos de alegría. Por fin, por algún lugar de mi cuerpo, lograba

11

sentir algo. Mientras yacía allí sobre la arena, comencé a pensar en lo que había pasado. Me había golpeado la cabeza al zambullirme; quizás eso me había afectado, causando la insensibilidad de mi cuerpo. Pensé cuánto tiempo más estaría así.

— No se aflijan — les dije a Kathy y a Butch, para animarlos, y también para darme valor —. El Señor no va a permitir que me pase nada. Pronto estaré bien.

Escuché el agudo ruido de la sirena de la ambulancia. Enseguida llegó a nuestro lado y se abrieron las puertas. En cosa de segundos los enfermeros, con eficiencia, me colocaron en una camilla. Sus uniformes blancos me resultaban reconfortantes mientras veía colocar la camilla en la parte trasera de la ambulancia. Seguía el círculo de curiosos.

Kathy se preparó para subir a la ambulancia.

Butch le apretó la mano suavemente y le dijo:

— Te sigo en el auto — y luego, con un gesto enérgico al conductor, agregó —: Trátela con cuidado.

Otra vez el agudo ruido de la sirena, mientras nos alejábamos de la bahía.

Levanté la vista hacia el enfermero que viajaba conmigo y le dije:

— Siento mucho tener que molestarlos. Creo que ni bien recupere el aliento estaré bien. Seguramente se me pasará en seguida este adormecimiento.

No contestó nada. Se inclinó para sacudirme un poco de arena de la cara, sonrió y miró para otro lado.

Me gustaría que me dijera algo para darme la seguridad de que voy a quedar bien, que me dejaran ir a casa tan pronto me revisen los doctores en el hospital, pensé.

Pero nadie me decía palabras reconfortantes. Me quedé sola con mis pensamientos y mis oraciones, mientras la sirena seguía sonando. Por la ventana veía pasar vertiginosamente la ciudad.

Jehová es mi pastor . . .

En las esquinas la gente miraba con curiosidad.

Nada me faltara . . .

Los autos se hacían a un lado para dejarnos pasar.

En lugares delicados me hará descansar . . .

La ambulancia aminoró la velocidad y dobló en un bulevar muy transitado.

Confortará mi alma . . .

No lograba ordenar mis pensamientos para elevar una oración. Me aferraba a las promesas de la Biblia que sabía de memoria.

Aunque ande en valle de sombra de muerte, no temeré mal alguno, porque tú estarás conmigo . . .

De pronto la sirena de la ambulancia se detuvo después de un ronquido final. El conductor retrocedió hasta colocar el vehículo frente a las puertas del hospital, y pronto vinieron los enfermeros a bajar la camilla. Mientras franqueaban, con un cuidadoso balanceo la puerta de entrada, alcancé a leer el cartel que decía:

**PUERTA DE EMERGENCIA.
SE PROHÍBE ESTACIONAR.
AMBULANCIAS SOLAMENTE.**

La ciudad había quedado a oscuras; el sol se había puesto. Sentía frío y tenía ansiedad por volver a casa.

Adentro, la zona de emergencia estaba llena de actividad. Me llevaron a una pieza y me colocaron sobre una mesa de operaciones con ruedas. Una luz potente me hería los ojos. Al dar vuelta la cara para evitar el resplandor, alcancé a ver todo el equipo instrumental y los elementos necesarios, listos y ordenados en hilera. Por todos lados había botellas, gasas, vendas, bisturíes, frascos, paquetes rotulados con largos nombres específicos y objetos de formas desconocidas. Los olores de los antisépticos y aromas penetrantes me daban una ligera nausea.

Una enfermera me sujetó a la mesa y luego me

empujó rodando hasta entrar en uno de los pequeños compartimientos. Hizo correr las cortinas para dejarme aislada. De nuevo luché desesperadamente por mover los brazos y las piernas. Seguían embotados y sin movimiento. *Me siento tan impotente. Estoy a punto de vomitar. Tengo tanto miedo.* Los ojos se me llenan de lágrimas.

— ¿Nadie puede decirme qué es lo que ha pasado? — empecé a rogarles.

La enfermera se encogió de hombros y se limitó a sacarme los anillos de la mano.

— El doctor va a venir enseguida. Pondré tus joyas en este sobre. Así es el reglamento.

— ¿Cuánto tiempo tendré que quedarme aquí? ¿Me dejarán volver a casa esta noche?

— Lo siento mucho, pero se lo tendrás que preguntar al doctor. Así es el reglamento.

Su respuesta era impersonal y me hacía recordar los teléfonos con grabador.

Entró otra enfermera en el compartimiento, trayendo unos formularios para llenar.

— Nombre, por favor.

— Joni Eareckson.

— ¿Johnny? ¿J-o-h-n-n-y?

— No. Se pronuncia Johnny, me nombraron así por mi padre, pero se escribe J-o-n-i. Mi apellido es E-a-r-e-c-k-s-o-n.

Luego le di mi dirección, el nombre de mis padres y el teléfono, y le pedí que les hablara.

— ¿Tienen seguro de hospitalización?

— No sé. Pregúntele a mis padres, o a mi hermana. Creo que está afuera. Estaba conmigo en la playa. Se llama Kathy. Pregúntele a ella.

La enfermera con la tablilla se fue. La otra puso el sobre con mis pertenencias sobre una mesa cercana. Luego abrió el cajón y sacó un par de enormes tijeras.

— ¿Qu-qu-qué piensa hacer con eso? — tartamudeé.

14

— Tengo que quitarte el traje de baño.

— Pero no quiero que lo corte. Está flamante. Acabo de comprarlo y es mi favori . . .

— Lo siento. Así es el reglamento — repitió.

En las paredes de yeso retumbaba el pesado *clac, clac, clac,* de las tijeras. Retiró los jirones de la prenda arruinada y los tiró en un cesto de papeles. No parecía importarle. Era evidente que el traje de baño no significaba nada para ella. Sentí deseos de llorar.

Me colocó una sábana sobre el cuerpo y se fue. Me sentía incómoda y abochornada. La sábana se deslizó hacia abajo dejando parte de mi pecho al descubierto. No podía moverme para ponerla en su lugar. La frustración y finalmente el miedo me provocaron un torrente de lágrimas a medida que tomé conciencia de la gravedad de la situación.

Sí, aunque ande en valle de sombra de muerte no temeré mal alguno, porque tú estarás conmigo . . .

Luché para contener las lágrimas y traté de pensar en otra cosa. *¿Les habrá hablado Kathy a papá y mamá? ¿Ya se habrá enterado Dick?*

Un hombre con pantalones oscuros y chaqueta blanca de hospital, corrió las cortinas y entró en el compartimiento.

— Soy el doctor Sherrill — dijo muy afablemente, mientras hojeaba las páginas de la tablilla —, y tú te llamas Joanie, ¿verdad?

— Se pronuncia Johnny. Me pusieron el nombre por papá.

¿Será necesario que tenga que pasar por esto cada vez que doy nombre?

— Muy bien, Joni. Veamos qué es lo que te ha pasado.

— Doctor Sherrill, ¿cuándo puedo irme a casa?

— Dime, ¿sientes esto?

Tenía un alfiler largo y aparentemente estaba pinchándome los pies y las piernas.

— No . . . no lo siento.

— ¿Y esto?

Apreté los dientes y cerré los ojos para concentrarme. Esperaba sentir algo, cualquier cosa.

— No — contesté.

El doctor tenía mi brazo levantado y me estaba pinchando los dedos inertes, la muñeca y el antebrazo. *¿Por qué no puedo sentir nada?* Tocó mi brazo. Finalmente alcancé a sentir un leve pinchazo en el hombro.

— Sí. Allí siento algo. Cuando estaba en la bahía también tenía sensibilidad en esa parte.

El doctor Sherrill sacó una lapicera y comenzó a hacer anotaciones en la ficha.

Luego comenzaron a aparecer otros miembros del personal. En medio del ruido y el desorden de tubos, botellas y bandejas, escuché que el doctor Sherrill le pedía a otro doctor que se acercara. Junto con él repitieron el examen con alfiler y los dos se pusieron luego a hablar en voz baja cerca de la cabecera de mi mesa. El lenguaje con términos médicos y toda su jerga, me era desconocido.

— Creo que se trata de una fractura por dislocación.

— Ajá . . . Más o menos a nivel de la cuarta y quinta vértebra cervical, a juzgar por el área de sensibilidad.

— Tendremos que localizarla directamente. Los rayos X nos dirán si hay continuidad o no.

El médico asistente del doctor Sherrill partió de inmediato con un ayudante. Luego éste dio unas órdenes en voz baja a la enfermera que me había quitado el traje de baño y ella salió también.

Observé que alguien me limpiaba el antebrazo con algodón e introducía una aguja en la vena. No sentí nada.

De reojo pude ver al doctor Sherrill sosteniendo una rasuradora eléctrica. Escuché un fuerte *clic* y el zumbido de la máquina cuando empezó a funcionar. *¿Para qué son* *estas tijeras?*, pensé. Con horror creciente me di cuenta de que se acercaban con ellas a mi cabeza. *Me van a afeitar la cabeza. ¡No, Dios mío, por favor! ¡No!* . . .

La pieza comenzó a dar vueltas. Sentí el estómago revuelto y estaba a punto de desmayarme.

Luego escuché un sonido agudo, algo entre zumbido y chirrido. *¡Es un taladro!* Alguien me sostuvo la cabeza y el torno comenzó a perforar el cráneo por un costado.

Comencé a sentir somnolencia.

Quizás sea la inyección que me pusieron. Empecé a dormirme. De pronto, siento pánico nuevamente. *¿Y si no me despierto más? ¿Volveré a ver a Dick? ¿A mama y a papa? Dios mío, ¡tengo miedo!*

Veo caras. Escucho voces. Pero nada tiene sentido. La pieza se vuelve cada vez más oscura y las voces se pierden.

Por primera vez desde la zambullida, me siento relajada, casi diría en paz. Ya no me importó si estaba paralizada, ni estar sobre una mesa desnuda y con la cabeza afeitada. Tampoco me pareció amenazador el sonido del taladro. Caí en un sueño profundo.

🙛   🙛   🙛

Al volver en mí, después de haber perdido el sentido, me pareció que volvía a escuchar el sonido del taladro y traté de despertarme lo suficiente como para gritarles que lo pararan. No quería que me estuvieran perforando mientras estuviera despierta. Pero no me salían las palabras. Traté de abrir los ojos. La pieza giraba como un trompo.

El sonido lejano se hizo más nítido. No era un taladro, era simplemente un aparato de aire acondicionado.

La cabeza comenzó a aclarárseme, y también la vista. Por unos minutos no pude recordar dónde estaba ni por qué tenía miedo de un taladro. Luego recuperé la memoria.

Por encima de la cabeza pude ver la rejilla del extrac-

17

tor de aire y observé el alto y anticuado cielorraso agrietado. Traté de torcer la cabeza para ver el resto de la pieza, pero no me podía mover en absoluto. Un dolor agudo a cada lado de la cabeza me impedía todo intento de moverme. Supuse que los agujeros que me habían perforado en el cráneo tendrían algo que ver con esto. Con el rabo del ojo podía alcanzar a ver unas grandes pinzas de metal sujetas a un dispositivo de cables y resortes, destinados a tirarme la cabeza hacia afuera del resto del cuerpo. Necesité una enorme dosis de fuerza física y mental para darme cuenta de estos pocos detalles de mi nuevo ambiente.

Durante los primeros días perdía el conocimiento muchas veces. Las drogas me hacían caer en un mundo de sueños carente de realidad. Tenía frecuentes alucinaciones que muchas veces me espantaban. La confusión de sueños, impresiones y recuerdos se mezclaba a tal punto que muchas veces pensé que estaba volviéndome loca.

Había una alucinación que se repetía insistentemente en este mundo surrealista inducido por las drogas. En esos sueños yo estaba junto a Jason Leverton, mi novio en la secundaria. Estábamos en algún sitio fuera de lo común, esperando que nos juzgaran. Yo estaba desnuda y trataba de cubrirme porque sentía vergüenza. Durante la pesadilla yo estaba de pie, frente a una persona vestida de larga túnica. Me daba cuenta que era un "apóstol". No decía una palabra pero yo sabía, de alguna manera, que nos estaba juzgando. De pronto sacaba una larga espada y blandiéndola en mi dirección, me daba un golpe seco y me cortaba la cabeza. Me despertaba llorando y asustada. Este mismo sueño me perseguía vez tras vez.

Otras experiencias alucinantes provocadas por las drogas convergían hasta el loco mundo de los sueños como cosas sin pie ni cabeza. Vívidos colores, formas y figuras extrañas se expandían y achicaban formando cosas desconocidas. Creía ver colores "amenazantes" o figuras "placenteras", formas y colores que representaban sentimientos, estados de ánimo y emociones.

Un fuerte quejido me despertó una vez de mi pesadilla. No sabía cuánto tiempo había pasado desde mi último período de lucidez, pero descubrí que ahora estaba boca abajo. ¿Cómo había llegado a esa posición? Las pinzas todavía me colgaban de la cabeza. La presión que sentía contra los costados me producía más malestar mental y psicológico, que dolor físico.

Descubrí que estaba colocada dentro de una suerte de estructura de lona. En ella había un agujero con espacio suficiente para mi cara, por el que alcanzaba a ver sólo el área inmediatamente debajo de mi cama. Un par de zapatos y medias de nylon blancos aparecieron dentro de este estrecho campo de visibilidad.

— Enfermera — llamé débilmente.

— Sí, aquí estoy.

— Qu-qué . . . dónde . . . eh . . . — tartamudeé en un esfuerzo por expresarme.

— Sh-h-h-. No trates de hablar. Te vas a cansar — me dijo.

Por su voz agradable y su modo placentero, me di cuenta que no se trataba de la enfermera que me había cortado el traje de baño y me había rasurado la cabeza. Sentí que me ponía la mano sobre el hombro.

— Trata de descansar solamente. Si puedes, vuelve a dormirte. Estás en T.I. (Terapia Intensiva). Te han hecho una operación y nosotros te cuidaremos bien. Así que, nada de afligirte, ¿estamos?

Palmeó mi hombro. Fue una sensación tan agradable experimentar un poco de sensibilidad en algún lado, con excepción de la cabeza naturalmente, en donde las pinzas metálicas parecían atravesarme hasta el hueso.

Poco a poco comencé a advertir detalles de mi alrededor. Supe que el artefacto que yo llamaba cama, era un *Stryker Frame*. Una parecía estar metida en un sandwich de lona, fuertemente sujeta con correas. Cada dos horas venía una enfermera y un asistente para cambiarse de posición. Me colocaban un marco de lona sobre el pecho y luego, mientras una enfermera sostenía las pinzas de metal (y me protegía la cabeza), hacían girar hábilmente el artefacto, 180 grados. Luego retiraban el marco en el que había estado acostada, y se aseguraban de que todo estaba en orden para mi turno de dos horas en esta nueva posición. Solo tenía dos paisajes, el piso y el cielo raso.

Con el tiempo aprendí que mi cama estaba en un pabellón de otras ocho, y que las iniciales T.I. querían decir *Terapia Intensiva*. Nunca había oído usar esa frase antes, pero me imaginé que sería para los casos de gravedad. A los pacientes sólo les permitían visitas de cinco minutos por hora y únicamente de miembros de la familia.

A medida que las horas se confundían con los días, comencé a conocer mejor a mis compañeros de sala. Gracias a los trozos aislados de conversación, a las instrucciones de los médicos y otros sonidos que me llegaban, fui dándome cuenta de un buen número de cosas.

En la cama vecina a la mía había un hombre que estaba constantemente dando quejidos. Una mañana, cuando tocaba el relevo de la enfermera nocturna, oí que ésta le explicaba a su compañera en un susurro:

—Mató a la esposa y luego trató de matarse. No creo que viva. Hay que mantenerlo atado.

Entonces comprendí el porqué del ruido de cadenas que rechinaban, ¡el hombre estaba atado a la cama!

En otra de las camas había una mujer que gemía toda la noche. No cesaba de pedirle a la enfermera que le diera un cigarrillo o un helado.

Judy tenía la misma edad que yo. Estaba en estado de coma debido a las heridas sufridas en un accidente automovilístico.

Tom era un muchacho joven que se había accidentado al zambullirse. Era gracioso. Yo sabía que Tom se había roto el cuello, pero no comprendía que eso era lo que me había sucedido a mí. Nadie me lo había dicho todavía.

Tom no podía ni siquiera respirar por sí solo. Lo supe cuando le pregunté a la enfermera qué era un ruido particular que se escuchaba. Me explicó que se trataba del equipo de "resucitación".

Cuando supimos que nuestros accidentes eran similares, comenzamos a mandarnos notas de ida y vuelta. "¡Hola! Yo soy Tom", fue la primera nota que me llegó a modo de presentación. Las enfermeras y las visitas eran las encargadas de escribirlas y actuar de mensajeras entre nosotros.

De noche, cuando el ajetreo de actividades era menos intenso, me llegaban los quejidos y los gemidos de las otras personas de la sala de terapia intensiva. Me ponía a escuchar atentamente para captar el sonido reconfortante del equipo resucitador de Tom. Como no podía darme vuelta para mirarlo, me consolaba con ese ruido. Me sentía hermanada con él y me preguntaba cuál sería su aspecto. *Mañana*, me dije, *le pediré una foto.*

Más tarde esa misma noche, el equipo resucitador se detuvo. El silencio fue más fuerte que si hubiera habido una explosión. Me acometió el pánico y se me atragantaron las palabras cuando quise pedir ayuda. Escuché que las enfermeras corrían a la cama de Tom.

— ¡Se le ha agotado el resucitador! Por favor, busquen otro, con *urgencia* — ordenó alguien.

Pude escuchar los pasos mientras corrían por la antesala de baldosas y el ruido metálico del aparato de oxígeno, mientras lo retiraban. Otra persona hablaba por teléfono desde la oficina de las enfermeras, pidiendo ayuda con urgencia. En cosa de minutos, la antesala, la sala y la oficina se transformaron en una confusa conmoción, llena de instrucciones impartidas en voz baja, cargadas de urgencia.

— ¡Tom! ¿me escuchas? — dijo un médico. Luego farfulló —: ¿Dónde diablos está ese otro resucitador?

— ¿Quiere que probemos respiración artificial? — preguntó una voz de mujer.

Mi mente giraba como un trompo debido a la frustración que me imponía la parálisis. ¡Me sentía tan impotente! ¿Y qué podría haber hecho aún si hubiera tenido la posibilidad de moverme? Me quedé con los ojos abiertos de par en par, traspasando el cielo raso con la mirada, hacia la oscuridad de la noche.

— El enfermero tuvo que ir a la planta baja a buscar otro equipo. Ya está en camino.

— Mantengan respiración boca a boca. Tendremos que evitar que . . . — la voz del médico se interrumpió.

Escuché cómo se abría y se cerraba el ascensor al fondo del pasillo y luego los pasos apresurados de alguien que corría, junto con el batifondo metálico del equipo. El sonido se acercaba hacia la sala de terapia intensiva, y con alivio escuché que alguien decía:

— Tengo el equipo. Hagan lugar.

Luego horrorizada, escuché la helada respuesta:

— No se aflijan. No hace falta, acaba de morir.

Sentí que se me encogía la piel del cuello. Con terror creciente advertí que no estaban hablando de un paciente desconocido, de un caso impersonal estadístico. Estaban hablando de Tom. *Tom había muerto.*

Hubiera querido gritar pero no podía. Aquella noche tuve miedo de dormirme, miedo de que yo también, no volviera a despertar.

Al día siguiente mi terror no menguó. Me acongojaba la muerte de un muchacho al que sólo conocía por medio de mensajes escritos, y no dejaba de pensar en mi propia situación. Yo no dependía de una máquina para respirar. Pero dependía de la solución intravenosa, lo único que me alimentaba, y de la sonda en la vejiga, que drenaba lo desechos y toxinas del organismo.

¿Y si fallara alguno de ellos? ¿Y si se soltaran las pinzas que me colgaban de la cabeza? ¿Y si . . . ? Mi mente era una selva de aprehensión.

Un día o dos después, trajeron a un hombre con una lesión parecida. Lo colocaron en un *Stryker Frame* y le pusieron una carpa de oxígeno.

De reojo pude observar cómo era el equipo. No podía ver el mío, pero ahora entendía qué era lo que sucedía cada vez que venían a hacerlo girar, dos horas para arriba, dos horas para abajo. Al mirarlo me dio la impresión de estar viendo un ternero girando con regularidad sobre una parrilla. Comencé a sentir pánico cada vez que venían a darme vuelta.

El paciente recién llegado tenía la misma aprehensión. Cuando los enfermeros vinieron a hacer el giro de 180 grados, comenzó a rogar — ¡Por favor, no me den vueltas! . . . La otra vez no podía respirar cuando estaba boca abajo. ¡Por favor no me den vuelta!

— No se aflija, amigo: no hay peligro. Tenemos que darle vuelta. Son las órdenes del médico. ¿Listo, Miguel? En el tres: ¡Uno . . . dos . . . tres . . . !

— ¡No, por favor! ¡No puedo respirar! . . . Me voy a morir, sé que me voy a morir . . .

— Tranquilícese . . . No le pasará nada.

Le colocaron la carpa plástica con el oxígeno y se fueron. Yo alcanzaba a escuchar la respiración laboriosa y entrecortada del paciente. Me puse a orar para que las dos horas pasaran rápido, por él y por mi propia tranquilidad mental.

De pronto cesó de respirar. Nuevamente la conmoción de actividad mientras enfermeras y asistentes respondían a la crisis. Demasiado tarde. *Otra vez.*

Lágrimas ardientes me caían por las mejillas. La frustración y el temor, mis dos compañeros inseparables de esos primeros días de hospital, volvieron a esclavizarme. Con una creciente sensación de horror comprendí que la sala de terapia intensiva estaba destinada para casos *agonizantes.* Comencé a sentir que mi vida era algo frágil. Que no la podía tomar como un hecho natural.

Poco después, durante uno de los giros de 180 grados, me vino un desvanecimiento y dejé de respirar. Pero en cosa de minutos me hicieron recuperar el conocimiento, y me sentí reanimada al notar la eficiencia y el interés que demostraron.

— Te vamos a cuidar bien, Joni — me repetía un doctor, para darme ánimo.

Después de eso, aunque cada vez que llegaba el turno para darme vuelta, me sentía sobrecogida de temor, sin embargo me daba cuenta que tanto las enfermeras como los ayudantes hacían las cosas con más esmero que antes. O al menos así me parecía.

Comencé a notar lo helada que era la sala de terapia intensiva. Casi todos los pacientes estaban en estado de coma la mayor parte del tiempo, de modo que probablemente no llegaban a advertir el frío que hacía. Uno de los asistentes enfermeros comentó que podría ser peligroso para mí si llegaba a resfriarme. También era peligrosa la intoxicación de la sangre, cosa que aparentemente sucedía con frecuencia en estos casos. ¡Había tanto por lo cual sentirme aprehensiva y atemorizada! Nada parecía ser positivo ni infundirme aliento.

Todos los días venían los médicos y las enfermeras a verme. A veces venían de a dos y se ponían a comentar mi caso.

— Tiene cuadriplejía total — le explicaba un médico a su colega —, como resultado de una fractura diagonal a nivel de la cuarta y quinta cervical.

Sabía que tenía parálisis pero no sabía por qué. Ni por cuánto tiempo. Nunca me explicaron nada acerca de la lesión.

Las enfermeras decían:

— Debes preguntarle al doctor.

Los doctores me contestaban:

— Te estás recuperando bien. Realmente bien . . .

Sospechaba lo peor, que tenía fractura de cuello. La sola idea me asustaba. Un recuerdo vívido de la infancia comenzó a molestarme. Era el único caso "real" que yo conocía, de alguien que se hubiera roto el cuello. Se trataba de un personaje de *Black Beauty* que se caía del caballo y se quebraba el cuello: Había *muerto*.

Interiormente no quería escuchar acerca de mi accidente, pero al mismo tiempo trataba de sintonizar las discusiones y comentarios del personal médico.

Comencé a creer que estaba en una sala de personas agonizantes *porque yo estaba por morir*, como Tom y el otro hombre. Los dos habían tenido lesiones como la mía. *Yo también voy a morir*, pensaba. *Tienen miedo de decírmelo.*

Dos

asaban los días interrumpidos únicamente por las pesadillas recurrentes y por el malestar y el esfuerzo que me exigía tener que soportar mi prisión de lona y las pinzas de metal. Terminé por pensar que, después de todo, tal vez no llegaría a morir. Mientras otros pacientes de la sala de terapia intensiva o se morían, o eran trasladados a pabellones normales dentro del hospital, yo seguía allí. Ni mejoraba, ni empeoraba.

Para quitarme de la mente la angustia de las pesadillas, de las que despertaba aterrorizada y mojada de transpiración, comencé a soñar despierta, tratando de recordar todos los eventos de mi vida anteriores al accidente.

Rodeada de mi familia y de mis amigos, mi vida había sido muy feliz. Nunca habíamos conocido una tragedia en medio nuestro. Aunque me esforzaba por hacer memoria, sólo podía recordar incidentes felices en relación a nuestra vida y a nuestro hogar.

Papá quizás haya sido la causa de ello: Johnny Eareckson, por quién me pusieron el nombre. Nacido en 1900, papá había recogido lo mejor de dos épocas, el siglo 19 y el siglo 20. Por un lado era un romántico incurable y un artista creativo, pero también estaba a tono con la tecnología. Su padre tenía un negocio de venta de carbón para combustible, y durante su infancia papá tenía que cuidar los caballos, antes y después de volver de la escuela. Solía decir que la "escuela de los golpes" le había dado muchos conocimientos en la vida. Le atraían los trabajos difíciles y novedosos porque sentía que le enseñaban muchas cosas. Papá valoraba por encima de todo, un carácter personal, la felicidad individual y el desarrollo espiritual. "Si un hombre posee estas tres cosas y es capaz de trasmitirlas a sus hijos — decía — recién entonces se lo puede considerar un hombre de éxito."

Papá había llegado a hacer de todo, desde marinero hasta dueño de un rodeo propio. Su vida estaba llena de *"hobbies"*: caballos, escultura, pintura, edificación. ¡Las paredes y estantes de casa estaban prácticamente llenos de cosas hechas por él!

—Papá — le pregunté una vez —, ¿cómo encuentras tiempo para hacer todo esto, además de tener que trabajar?

Me miró con sus vivaces ojos celestes, y me respondió:

—Mira, querida. Todo empezó durante la época de la depresión. Nadie tenía trabajo. La mayoría de la gente se sentaba a condolerse de sus penas, y a quejarse de la situación. Yo me dije: "¡Vamos . . . puedes usar las manos. No cuesta nada tallar!" Así que me dediqué a tallar cosas con materiales que otros descartaban. Y así me mantuve activo todo el tiempo que duró la depresión. Me imagino que se me pegó el hábito.

Fue por esa misma época que papá llegó a participar en el equipo de lucha que fue a las Olimpiadas. Había obtenido el campeonato nacional de lucha de la AAU, y ganado cinco veces consecutivas el primer puesto del campeonato nacional de lucha de la YMCA, lo que le valió entrar en el equipo olímpico de 1932. Durante la práctica de ese deporte fue que se hizo una lesión que le causó una renguera para toda la vida.

De joven papá solía mantenerse muy activo en

trabajos juveniles para la iglesia, y entre los 25 y 35 años, la gente joven lo conocía por el nombre de "Capitán John". Acostumbraba a sacar a los muchachitos de excursión, para pasar la noche afuera, y también a caminatas y retiros. Tenía un camión con acoplado, donde amontonaba a los chicos con sus bolsas de dormir, cocina portátil y provisiones suficientes como para una de las "excursiones con el capitán John". Eran tiempos memorables que dejaban una impresión duradera en los chicos.

Una jovencita en particular estaba muy impresionada con el "capitán John". Era la dinámica y vivaz Margaret ("Lindy") Landwehr, a quién le gustaban los deportes y la vida al aire libre, cosa que también atrajo la atención del "Capitán John".

Muy pronto "Lindy" se enamoró de él y él de ella. ¡Muchas de sus salidas juntos eran un tanto "pobladas" pues el "capitán John" solía llevar a todo el grupo de chicos con ellos!

Como expresión de su amor, papá trabajó día y noche para hacer una casa para él y mamá, como regalo de casamiento. Era hacia el final de la *depresión* y el dinero escaseaba, así que comenzó a recorrer los alrededores con su camioneta. De un viejo barco logró rescatar unas vigas de madera enormes, que usó para hacer el piso y los tirantes de la casa.

Un día que iba en su camioneta se detuvo frente a una cuadrilla de hombres que estaba demoliendo una pared de piedras.

— ¿Qué piensan hacer con estas piedras? — les preguntó.

— ¿Por qué?

— Me viene bien llevármelas — contestó papá.

— Está bien — refunfuñó el capataz —, pero tendrás que sacarlas antes del viernes. Tenemos que trabajar en este lugar.

— ¡Listo! — exclamó papá con entusiasmo.

Y comenzó la increíble tarea de levantar las enormes piedras, a mano, algunas de las cuales pesaban más de 50 kgs. Lo hizo todo solo, arreglándoselas para subirlas en su camioneta. Después de muchos viajes reunió lo suficiente para su casa. El resultado de esa labor son las dos enormes y hermosas chimeneas de piedra con que cuenta nuestra casa.

Lo mismo hizo cuando necesitó madera, ladrillos y otro materiales de construcción. Finalmente completó la casa de sus sueños. El y su flamante esposa entraron a vivir cuando se casaron y han vivido allí desde entonces.

Papá siempre tuvo igual interés dinámico en asuntos de negocios y cuestiones cívicas. Años atrás comenzó su propia empresa para colocar pisos.

Llegó a la siguiente conclusión:

— Soy demasiado independiente — se dijo —, como para trabajar bajo las órdenes de otro. Quiero demasiado a mi familia como para atarme a los horarios y los intereses de los demás. Si logro ser mi propio patrón, podré tomarme un día libre cuando quiera y llevar a mi familia al océano, o a pasear a caballo, sin tener que pedir permiso. Me basta con poner un cartel en la puerta, cerrar con llave y marcharme donde quiera.

Y eso fue lo que hacíamos. Durante las vacaciones nos íbamos de viaje a muchas partes y era tanto lo que nos divertíamos que hoy me resulta difícil pensar en que los viajes también formaban parte de nuestra educación. Papá nos enseñaba geografía y geología durante nuestras excursiones al desierto o a la montaña, en las que debíamos sobrevivir con lo que alcanzábamos a llevar en la parte de atrás de la camioneta. Nos enseñó a distinguir las huellas de los diferentes animales, sus graznidos y aullidos, y sus costumbres, cosas que nunca hubiéramos aprendido en la ciudad.

Nos inició en la equitación casi tan pronto como pudimos mantenernos sentadas en un caballo. Yo supe lo que era una montura a los dos años de edad. En efecto, papá solía darse importancia diciendo:

—¿Se acuerdan aquella vez que nuestra familia hizo un viaje de 100 millas a caballo? Desde Laramie a Cheyenne, en Wyoming. ¿Te acuerdas, Joni? Tu tenías sólo cuatro años. La participante de menor edad que haya hecho la cabalgata hasta Cheyenne.

Cuando tuvimos un poco más de edad nos llevaba en excursiones a caballo, con carga, y nos internábamos en la cadena de montañas de Medicine Bow, en donde aprendimos a apreciar mejor a Dios y su creación.

Papá nos enseñó a cabalgar con gracia y equilibrio, y nos dio lecciones de equitación.

—Tienen que cabalgar balanceándose a la par del caballo —nos decía—, no como los principiantes que rebotan en la montura. Es casi imposible sincronizar los movimientos hacia arriba y hacia abajo que da el cuerpo, con el paso del caballo. Lo que se debe hacer es mantener un balanceo a la par del animal, y nunca tratar de hacer movimientos verticales.

¡Papá tenía siempre un estado de ánimo parejo y afable. Nada ni nadie parecía sacarlo de sus casillas. No creo haberlo visto perder los estribos en todos los años en que crecí a su lado. Nuestro comportamiento en el hogar se regía por "no hacer sufrir a papá". Dejábamos de hacer ciertas cosas, no simplemente porque eran malas o cuestionables, sino por "lo que papá podía sentir".

Cuando papá venía al hospital durante las breves visitas que le estaban permitidas, durante mi estadía en terapia intensiva, trataba de comunicarme el mismo espíritu jovial y optimista que yo siempre había conocido en él. Pero por más que trataba de aparecer tranquilo y esperanzado, sus ojos azules velados, normalmente claros y chispeantes, delataban su nerviosidad. Sus manos, nudosas y curtidas, temblaban delatando sus verdaderos sentimientos. La hija que amaba y a quién él había querido dar su nombre, yacía desvalida en un sandwich de lona, en medio de una selva de tubos intravenosos y sondas urinarias.

El hospital no era lugar para este hombre que había pasado toda su vida al aire libre, como un atleta activo. Su pena y su intranquilidad eran difíciles de ocultar.

Me dolía ver lo que mi accidente le había causado a él. *¿Por qué, Señor?*, me repetía. *¿Por qué estás permitiendo todo esto?*

Nuestra familia estaba unida por lazos de cariño poco comunes. Mamá era la fuente de esta atmósfera. Ella también amaba la vida al aire libre y las competencias deportivas, y compartía en todos los intereses de papá. Fue ella, en efecto, la que nos enseñó a jugar el tenis desde chicas. Ir a nadar, o salir de excursión, eran cosas que hacíamos como familia.

Mamá, con su fuerte personalidad y su temperamento lleno de ternura, se esforzó tanto como papá para lograr que tuviéramos un hogar feliz. Muy rara vez había algún desacuerdo entre mis padres, y su amor del uno para con el otro era evidente y se reflejaba en nuestras vidas, haciéndonos sentir queridas y seguras.

Después del accidente mamá se hizo cargo de mí en el hospital. Se quedaba día y noche los primeros días, durmiendo lo que podía en un sillón de la antesala. No se alejó del hospital hasta que se convenció que yo ya estaba fuera de peligro.

Como éramos una familia tan unida, mis hermanas compartían la preocupación de mis padres por mí. Kathy, de 20 años, de cabello oscuro, tímida y bonita, fue la que me sacó del agua y me salvó la vida.

Jay, que tenía 23 años en el momento del accidente, era la hermana con quien me sentía más unida. Era

31

callada y llena de gracia, de largo cabello rubio, aclarado por las horas de exposición al aire y al sol, y por la natación.

Jay estaba casada y era la madre de una nena, a la que llamaban Kay. A pesar de sus responsabilidades familiares tenía tiempo de venir al hospital y quedarse a mi lado, y yo esperaba con anticipación sus visitas. Si llegaba cuando mi cama estaba para abajo, ella se acostaba en el suelo. Allí desparramaba las revistas *Seventeen* que había traído para que leyéramos juntas. Trataba de alegrar los rincones de mi pieza colocando macetas con plantas y carteles, aunque muy pronto el "reglamento" nos obligó a retirarlas.

Linda, la mayor, también estaba casada y tenía tres niños de corta edad. Como tenía casi diez años más que yo, no me sentía tan unida a ella como a Kathy y a Jay.

Los recuerdos tan felices de mi vida familiar ayudaban a distraer mi mente del dolor y las pesadillas. También me ponía a pensar en las lindas experiencias en mis años de escuela secundaria, y los amigos que allí tenía.

La escuela secundaria de Woodlawn estaba situada en un sector panorámico de las afueras de Baltimore. Era un complejo de dos plantas situadas en un terreno en el que se aprovecharon al máximo las posibilidades del espacio verde. Las veredas estaban sombreadas por árboles y por el medio del jardín corría un arroyito entre verdes lomas. Los estudiantes de dibujo solían pasar el tiempo afuera, dibujando y pintando en los alrededores del hermoso y panorámico lugar.

En los fondos del terreno teníamos un campo de atletismo con canchas de "béisbol", pistas para correr, canchas de tenis y de lacrosse. Este último era el deporte que más me gustaba. Para mí tuvo mucho más importancia ser la capitana del equipo femenino de lacrosse que haber aparecido en la Lista de Honor del colegio.

Durante los primeros años en la escuela entré en

contacto con una organización que se llamaba *Young Life* (Vida Joven), una actividad de orientación religiosa, cuyo objetivo era alcanzar principalmente a los estudiantes secundarios. Yo había advertido que la mayoría de los chicos que sobresalían, y los que eran más populares, o en general los más "realizados", eran chicas y muchachos cristianos que pertenecían a la organización de *Young Life*. De modo que cuando oí que habían preparado un "Grandioso Retiro" para un fin de semana, tuve deseos de ir.

— Mamá... — empecé a rogar —, *tienes* que dejarme ir. ¿Por favor?

Yo tenía entonces 15 años y era una adolescente que estaba buscando su identidad y el significado de la vida.

El fin de semana organizado por *Young Life* tuvo lugar en Natural Bridge, Virginia. Grandes grupos de chicas y muchachos provenientes de los colegios secundarios de esa zona de Baltimore acudieron a esta pequeña comunidad para pasar un fin de semana repleto de entretenimientos sanos, y estudios bíblicos destinados a descubrir lo que la Biblia tenía para decirnos acerca de nuestra relación con Dios.

El orador del retiro, Carl Nelson, nos habló de cómo el evangelio comienza planteando primeramente la necesidad de adecuarnos a la gloria de Dios y a su voluntad.

"El nivel de rectitud humana fue definido por los Diez Mandamientos", comenzó diciendo, "pero la Biblia nos dice que *por la ley viene el conocimiento del pecado*.

"Por esta razón, muchachos", continuó diciendo, "es imposible llegar al cielo tratando de cumplir una lista de *esto sí* y *esto no*. No existe ninguna posibilidad de que alguien pueda cumplir los mandamientos dispuestos por Dios."

Cuando la reunión terminó me fui a caminar en el aire otoñal de la noche. *¿Yo pecadora?* Nunca había entendido realmente lo que esa palabra quería decir.

Sin embargo, ahora podía percibir mi rebeldía a la luz de la perfección de Dios. Sentía que era una *pecadora*, y que me perdería, aunque eso me pareciera totalmente incomprensible.

Bueno . . . es obvio que yo no me puedo salvar, me dije, *a mí misma . . ., y quién? . . .*

De pronto, todo lo que nos había venido diciendo Carl, durante el retiro, comenzó a adquirir sentido. *¡Entonces es por eso que vino Jesucristo al mundo!*

—Siendo el Hijo de Dios hecho carne, pudo cumplir con las exigencias de la ley y llevar una vida perfecta. Al morir pagó la pena que requería nuestro pecado. Las palabras de Carl volvían a mi mente.

Me senté contra un árbol y elevé la vista a la silenciosa expansión de estrellas, casi esperando que allí se me revelara algo, cualquier cosa. Sólo me llegaban los destellos vacilantes de miles de puntitos en la noche. Y sin embargo, mientras observaba el cielo sentí que me inundaba el amor de Dios. Cerré los ojos y dije:

—Señor, veo mi pecado. Pero veo también tu misericordia. Gracias por tu Hijo Jesús que murió por mí. He decidido en mi corazón no volver a hacer aquello que te entristezca. En vez de hacer las cosas a mi manera quiero que Cristo gobierne mi vida y la conduzca. Gracias por salvarme del pecado y darme vida eterna.

Me levanté y corrí a mi pieza, ansiosa de contarle a mi compañera Jackie, que Dios me había salvado.

Había crecido escuchando la afirmación de que Dios me amaba. Papá y mamá eran miembros de la Iglesia Episcopal Reformada de Bishop Cummings, en Catonsville.

Pero durante los primeros años de mi adolescencia, quería encontrar mi propio estilo de vida y hacer mi voluntad, y por eso no tenía tiempo para Dios. Había estado probando y experimentando muchas cosas, para ver en cuál de ellas descubría un significado para mí.

34

Por un tiempo pensé que gozar de popularidad y tener muchos admiradores con quienes salir, era la meta deseada. Luego pensé que la encontraría en la disciplina del deporte y del atletismo. Pero en ese momento supe que había llegado verdaderamente a la meta. Las piezas del rompecabezas parecían encajar, y todo cobraba significado. *Jesucristo, el Hijo de Dios, había venido a salvarme y hacer de mí una persona plena.*

Aquella noche sentí un enorme gozo íntimo que me inundaba, y tomé la decisión de invitar a Jesucristo a mi corazón y a mi vida. No lo comprendí todo desde el principio, pero fui aprendiendo que Dios era paciente, lleno de amor y perdón, y tolerante con nuestros errores.

Aquel fin de semana escuché dos conceptos que nunca antes me habían resultado claros. Comprendí que la razón de mi pecado era simplemente porque ni yo ni nadie estaba a la altura de una vida que pudiera satisfacer las demandas de Dios. Era ésa la razón por la cual permitió que sus Hijo Jesús muriera por mí. Cuando así lo entendí, experimenté un instante lleno de emoción y significado.

Luego escuché acerca de otro concepto apasionante, que llamaban "la vida abundante". Nuestro consejero nos explicó que Jesucristo no sólo había muerto por nuestros pecados sino que había venido a darnos una vida abundante (Juan 10:10). Pero en mi mentalidad inmadura de ese momento, lo que me imaginé de la "vida abundante" era que perdería mis kilos de más, que ganaría popularidad y amigos en la escuela, y que tendría mejores notas.

Por supuesto, mi concepto de lo que era la vida abundante estaba totalmente equivocado, y para el tiempo en que llegué a mi último año en la escuela secundaria, el entusiasmo se me empezó a enfriar. En mi reciente nueva vida como cristiana, había esperado encontrar seguridad y propósito para mi existencia, cifrándome en cosas, es decir, aquellas cosas en las que yo basaba el progreso de mi vida cristiana: la asistencia a la iglesia, mi participación en el coro, mis actividades en los clubes de *Young Life*. Ponía mi meta en estas cosas, y no en Dios mismo, de modo que los valores de mi existencia giraban alrededor de cosas temporales, mi yo y mis propios anhelos.

Fue por esa época que conocí a Jason Leverton. Jason era un muchacho fornido y buen mozo, un tipo simpático. Tenía espaldas anchas, ojos marrones meditativos, y cabello castaño claro. Por su velocidad y destreza al competir en los torneos estatales de lucha, se había ganado entre sus compañeros el apodo de "Relámpago Rubio". Jason y yo comenzamos a salir regularmente y andábamos siempre juntos en la escuela y en los acontecimientos sociales.

A papá le caía bien Jason, debido a su interés personal en el deporte y en la lucha. Más de una vez me tocaba estar de plantón cuando Jason venía de visita y se ponía a hablar con papá. Había ocasiones en que hasta se desafiaban mutuamente a luchar e intercambiaban nuevas técnicas de lucha.

Jason era muy divertido. Con él compartía mis secretos y planes para el futuro. Hacíamos proyectos para ir a la misma universidad y contemplábamos la idea de llegar a casarnos algún día.

Solíamos ir a pasear a un lugar favorito — un parquecillo cercano — en donde hacíamos largas caminatas y charlábamos. Jason también era activo en la organización de Young Life, así que solíamos aprovechar la ocasión para contarnos nuestras experiencias espirituales y orar juntos. Solía bajar por el caño de desagüe de nuestra casa y encontrarme con él después del "toque de queda" . . . ¡Hasta que mamá me pescó! Después de eso tomó buena cuenta de que se cumplieran las disposiciones respecto al horario de salidas.

Por la época en que Jason y yo comenzamos a ponernos románticos en serio, empezaron nuestras dificultades. Ya estábamos en el último año de la secundaria y sabíamos cuáles eran los límites de seguridad en la expresión de nuestro mutuo afecto. Pero ninguno de los dos tenía la firmeza interior necesaria para enfrentar tentaciones concretas.

Solíamos ir a menudo a andar a caballo o a dar una vuelta en auto. Muchas veces llegábamos hasta un pastizal abierto, rodeado de bosques hermosos, donde se veía un cielo azul profundo y magníficas nubes blancas. La vista, los olores y los sonidos de la campiña eran tremendamente románticos y eróticos. Sin que nos diéramos cuenta de lo que iba pasando, pasábamos de todas las manifestaciones inocentes y juveniles de amor mutuo — tenernos de la mano, abrazarnos, besarnos —, a caricias, tanteos, y pasiones que ninguno de los dos podía controlar. Queríamos evitarlo, pero cada vez que nos encontrábamos en un lugar solitario, caíamos uno en brazos del otro. La falta de autocontrol que sufríamos los dos, nos molestaba tremendamente.

—Jason, ¿por qué no somos capaces de detenernos? ¿Qué es lo que nos pasa? — le dije una noche.

—No lo sé. Siento que no debiéramos manejar las cosas de esta forma, pero . . .

—Jason, quiero que dejemos de vernos por un tiempo. Es la única manera. Yo no tengo voluntad y tú tampoco. Cada vez que estamos solos nos pasa lo mismo, y pecamos. Si realmente crees que debemos arrepentirnos de esto, entonces tenemos que mantenernos alejados el uno del otro, por un tiempo, para evitar las tentaciones.

Jason se quedó callado un rato, luego me dio la razón.

Me sugirió que saliera un tiempo con su amigo, Dick Filbert, un muchacho de mucha madurez cristiana. Supongo que habrá pensado que si yo salía con alguien, era mejor que lo hiciera con un amigo suyo. Así podría mantener contacto indirecto conmigo.

Dick era alto, delgado y buen mozo — como Jason — pero su parecido terminaba allí. Dick era callado y tímido, pero de gran expresividad. Un aire de naturalidad lo rodeaba íntegramente — desde sus viejos pantalones vaqueros hasta sus mocasines — y su voz suave reflejaba paz y serenidad. Los ojos de Dick, brillantes y azules, podían calmar cualquier tormenta en mi alma, y su presencia era como una roca firme a la que podía acudir en cualquier momento de confusión e incertidumbre.

Ese último año de secundaria lo repartí entre Dick y Jason. Traté de evitar caer en romanticismos tanto con uno como con el otro y tratarlos a ambos como buenos amigos. Mientras tanto procuraba distraerme con mi equitación, aprendiendo guitarra, escuchando discos y también tratando de aprender más acerca de la vida cristiana, por medio de los estudios bíblicos que organizaba Young Life. Mis oraciones comenzaron a manifestar mayor madurez en sus metas.

Gracias a la recomendación académica que obtuve, me aceptaron para el semestre de otoño, en el Western Maryland College. Mi vida parecía estar hallando propósito, encausándose hacia algo; sin embargo no era así.

Recuerdo una mañana, poco después de graduarme, cuando me puse a pensar en todas estas cosas.

El sol de verano inundaba mi habitación; filtrándose por las hojas de los árboles de afuera, y salpicaba en una danza de tintineantes puntos de luz, el empapelado rosa. Bostecé y me di vuelta para mirar el jardín. Cuando papá edificó la casa de sus sueños, le puso detalles especiales, como el "ojo de buey" junto a mi cama, a manera de ventana. Sólo necesitaba darme media vuelta para mirar hacia afuera.

Era temprano, pero me levanté rápidamente y me puse uno pantalones vaqueros y una camisola que saqué de la cómoda. Mientras me vestía, mis ojos descansaron sobre el estuche de cuero negro en el que guardaba mi diploma del secundario. Deslicé mis dedos por el estuche, y por las letras góticas en relieve con que aparecía mi nombre y la insignia del colegio. Habían pasado sólo unos días desde que — con capa y gorra — había pasado al frente a recibir mi diploma.

— ¡A desayunar!... — me interrumpió la voz de mi mamá, sacándome de mis sueños.

— ¡Voy mamá! contesté mientras bajaba la escalera de dos en dos y buscaba mi lugar en la mesa.

— ¿Piensas ir al "rancho" después del servicio en la iglesia? — preguntó mamá.

— Ajá... Sé que *Tumbleweed* ya está en condiciones para la demostración de salto y equitación este verano, pero lo mismo quiero pasar un tiempo practicando con ella.

El "rancho" era nuestra granja familiar, a unos 30 kilómetros al oeste de la ciudad. Estaba situada en una de las colinas panorámicas de un ondulante valle cruzado por un río pintoresco, y la rodeaba una extensión de parque nacional.

Cuando llegué allí esa mañana, el sol había trepado alto sobre el cenit, y el viento me traía el aroma del pasto recién cortado. La brisa también acariciaba las gráciles flores silvestres y los pastos de la pradera que descendía hacia el valle, y agitaba suavemente las ramas más altas de los manzanos cercanos. No podía menos que canturrear alegremente. Ensillé a *Tumbleweed* y la monté de un salto.

Era hermoso poder alejarme del polvo, el ruido y los olores malsanos de la ciudad. En verano, Baltimore padece los efectos de la contaminación industrial del aire y la sofocante humedad que avanza desde la Bahía de Chesapeake. Aquí, en nuestro pequeño paraíso, podemos aprovechar libremente el aire y el sol del verano.

Apreté los flancos de Tumbleweed con mis muslos y la acicateé con los talones. La yegua color castaño echó a andar al paso por el polvoriento camino de tierra. Cuando llegamos a la pradera, volví a hundir mis talones. Pero Tumbleweed no necesitaba de mis órdenes silenciosas. Ya sabía que aquí podía correr libremente, sin tener que cuidarse de hoyos y piedras. Diseminados a lo largo del campo había varios cercos con barandas de troncos donde podíamos saltar. La llevé al galope lento hacia este primer salto, un sólido y ancho cerco de unos 1,30 metros de altura. Mientras afirmaba las rodillas contra el cuerpo de Tumbleweed podía percibir la precisión y exactitud de sus movimientos.

Cuando uno tiene experiencia, puede conocer instintivamente el momento preciso en que un caballo se prepara para saltar. Tumbleweed era una yegua experta y yo la conocía bien. Juntas habíamos ganado toda clase de diplomas y premios de equitación. Estaba familiarizada con el sonido de los cascos y su cadencia perfecta al retumbar sobre la pista de tierra.

Con toda precisión la yegua dio el salto y se elevó por sobre la cerca. Suspendida por un instante, parecía como si voláramos. Montada sobre Tumbleweed sentía alborozo cada vez que saltábamos casi metro y medio de altura. Después de varios saltos Tumbleweed quedó bañada en sudor.

Le tiré las riendas para llevarla a un paso lento y nos encaminamos hacia el establo.

—¡Joni!

Levanté la vista y divisé a papá en su caballo gris galopeando hacia nosotras por el campo. Cuando llegó y se detuvo me dijo sonriente:

—La vi saltar, Joni. Está en excelentes condiciones. Me parece que la próxima semana se van a salir con todos los premios de la competencia.

— Si es así será porque tú me enseñaste todo lo que sé sobre equitación — le recordé.

Cuando papá y yo finalmente volvimos al corral, desensillamos los caballos y los palmeamos para que se fueran al establo, ya eran las cuatro y media.

— Mejor será que volvamos a casa. No debemos llegar tarde a cenar — observé.

Me quedó el placer de un día perfecto, después de montar mi caballo bajo el cielo azul de ese hermoso día de verano. Y sin embargo, en lo más íntimo de mí misma, sabía que todo eso era una forma de escapismo. No quería enfrentarme con las cuestiones decisivas de la vida. No podía menos que preguntarme: *Señor, ¿qué quieres que haga? Estoy feliz y satisfecha con las cosas que me has dado, pero dentro de mí hay algo que sé que anda mal. Creo que ha llegado el momento en que te necesito para que realmente hagas algo con mi vida.*

Al evaluar el progreso espiritual de mis dos últimos años me daba cuenta que no era mucho lo que había avanzado. Es verdad que había podido cortar con Jason, y que con Dick no habíamos tenido ningún problema de esa índole. Pero todavía me sentía esclavizada. En vez de caer en "pecados de la carne", vivía atrapada por "pecados del espíritu": enojo, celos, resentimiento y posesividad. Los últimos años de a secundaria los había dejado arrastrar sin mayor interés. Mis notas habían bajado y por causa de eso comencé a tener discusiones con papá y mamá. Me faltaba una meta real y carecía de motivaciones que me estimularan. Y además era obvio que no había hecho gran progreso espiritual desde mi conversión los años atrás. Parecía que, a pesar de todos mis esfuerzos, siempre permanecía esclava de mis deseos.

Me volví insistente con Dios: "Señor, si realmente estás allí, haz algo con mi vida que logre cambiarla y

41

hacerme buscar otras cosas. Ya sabes qué débil fui con Jason. Y también sabes lo posesiva y celosa que soy con Dick. Estoy cansada de mi hipocresía. Quiero que obres en mi vida algo que sea real. No sé de qué manera lo harás — ni siquiera sé si a esta altura puedes hacerlo — pero te lo ruego, Dios mío, por favor, cambia mi vida."

Esta oración fue hecha poco antes de mi accidente. Ahora, atada a mi cama especial, comencé a preguntarme si Dios no estaría de alguna manera contestando aquella oración.

Tres

La Biblia dice que "todo obra para bien", y eso incluye tu accidente, Joni — trataba de decirme Dick para consolarme. Pero yo casi no lo escuchaba.

— Ya hace un mes que estoy en este maldito hospital — le contesté —, y no es mucho el bien que puedo ver. De noche no duermo por las pesadillas y alucinaciones que me provocan las drogas. No puedo moverme; estoy encajada aquí en esta estúpida cama . . . ¿Eso es un bien? ¿Me quieres decir, Dick, cuál es el bien de todo esto?

— No . . . No lo sé, Joni. Pero creo que aún así debemos reclamar la promesa de Dios y confiar que las cosas terminarán siendo un bien, — insistía Dick suavemente, con paciencia —. ¿Quieres que te lea alguna otra cosa?

— No. Lo siento mucho; no quise contestarte de esa manera. Supongo que no estoy realmente confiando en el Señor, ¿verdad?

— No te aflijas, está bien.

Dick estaba acostado en el suelo, debajo de mi cama, y me miraba a los ojos. Una indescriptible tristeza y compasión hizo que los suyos se llenaran de lágrimas. Parpadeó y miró hacia otro lado.

— Bueno — dijo finalmente —, me tengo que ir ahora. ¿Te veo más tarde, sí?

La fidelidad de Dick para visitarme era una de las cosas a las que me aferraba en estas primeras semanas grises, junto con las visitas de mamá, papá, Jackie y Jay. Hubo otros, como Jason, que también venían cuando podían hacerlo. En el hospital me hacían bromas acerca de todos los "primos" que me visitaban, y más de una vez se rompía el reglamento de los "cinco minutos por hora para los de la familia".

Cuando venían papá y mamá y me encontraban boca bajo, yo pedía que me dieran vuelta. Aunque ellos tomaban a broma el hecho de tener que ponerse en el suelo si es que me encontraban boca abajo, a mí me dolía terriblemente que ellos tuvieran que pasar por la situación bochornosa de arrastrarse por el suelo cada vez que venían a visitarme.

Me esforzaba por estimular en ellos un poco de aliento y de fe. Cuando pensaba en mis problemas no me era difícil recordar que había otros en el hospital que estaban en peores condiciones que yo. Teniendo eso en cuenta, trataba de alegrar a mis padres y a otros que venían a visitarme. Hasta comencé a mostrarme placentera con el personal del hospital.

No era tanto que mi carácter se hubiera vuelto más dulce. Lo hacía más bien por temor a que la gente dejara de venir a verme si me volvía amargada y quejosa. Así que me esforzaba por mantener el buen humor.

— Bueno . . . Parece que hoy estamos de buen ánimo — comentó Anita, una de las enfermeras del turno de la mañana.

— ¿Y por qué no? El día está espléndido.

— ¡Pero si está lloviendo!

— Ah, sí . . . pero a mí no. Yo estoy mejor que un lirón — le contesté por bromear.

— ¿Quieres que vuelva dentro de un rato?

— ¿De veras que vendrás? Me encantaría que vengas, Anita.

Aunque debía prestar servicio en otra parte del hospital, Anita mostraba un interés especial por mí. Muchas veces pasaba su hora libre para el almuerzo, leyéndome poesías de Robert Frost, o simplemente charlando conmigo. Por haber pasado tanto tiempo en la sala de terapia intensiva, muchas de las enfermeras se habían hecho amigas mías. Poco a poco me había acostumbrado a las reglamentaciones y a la rutina. Así como en el hospital muchas veces pasaban por alto cuando mis visitantes rompían alguna regla, yo también comencé a pasar por alto muchas de las limitaciones del régimen hospitalario.

Anita me palmeó el hombro y haciéndome un saludo con la mano me dijo:

— Te veré más tarde, Joni.

Escuché mientras sus pasos livianos se perdían en el pasillo de baldosas.

Poco después de irse Anita llegó Jason.

— ¡Hola, muchacha! — me saludó sonriendo —. ¡Tienes una cara terrible! ¿Cuándo te toca salir de aquí?

— Me imagino que falta un buen rato. Se supone que estoy aprendiendo algo por medio de esta prueba — le contesté —. Dickie dice que Dios está obrando en mi vida.

— ¡Dios no tiene nada que ver con todo esto! Lo que pasa es que te quebraste el cuello, eso es todo. No puedes quedarte allí y decir "es la voluntad de Dios", y dejar que la cosa quede así. ¡Tienes que pelear, Joni! Tienes que tratar de mejorarte — me dijo con energía.

Me miró sin saber qué más decirme. Entre nosotros la relación había terminado prácticamente después de aquella vez que decidimos pasar un período de "enfriamiento". Ahora parecía estar sugiriéndome — si no con palabras, por la expresión de su mirada y por la forma de apretarme el hombro con la mano — que seguía sintiendo algo por mí.

— Tenemos que pelear, Joni. ¡Tienes que mejorarte! ¿Me entiendes? — su voz se quebró y comenzó a sollozar —.

45

¡Olvídate de todo ese asunto de la voluntad de Dios! ¡Lucha, Joni! ¡Tienes que luchar!

Para agregar vehemencia a sus palabras, dijo una maldición en voz baja y agregó:

—No tiene sentido: ¿Cómo podría Dios, si existiera un Dios, permitir que sucediera una cosa así?

—Ya sé que parece absurdo, Jason. Pero Dickie dice que Dios debe tener algún propósito en todo esto.

—Qué sé yo. Quizás sea mi amargura, me he vuelto cínico, tal vez. Pero yo ya no creo que Dios tenga interés en nada. Ni siquiera puedo creer que existe.

Este fue el comienzo por el que Jason comenzó a alejarse lentamente de una relación de confianza en un Dios amante: la conclusión de que lo sucedido no era más que el resultado de fuerzas ciegas, el fruto del azar.

Después de que se fue, me quedé mirando hacia el cielo raso. Ya había pasado un mes y yo todavía estaba en el hospital. *¿Que es lo que tengo?*, me preguntaba vez tras vez.

—¡Que tal, mi muchachita! ¿Cómo anda hoy, mi muchacha preferida?

Aunque no alcanzaba a verlo sabía que la voz era la del doctor Harris. Cuando apareció su alta figura pelirroja en mi campo de visión, lo saludé sonriendo. El doctor Harris había estado de guardia el día de mi accidente. Se había interesado personalmente en mi caso y lo había seguido de cerca. Me encantaba su acento escocés y su costumbre de referirse a mí como su "muchachita".

Levantó mi ficha y la estuvo leyendo un rato.

—Mmmm . . . Se te ve muy bien, muchachita. ¿Te sientes mejor?

—No . . . No sé. ¿Qué es lo que tengo, doctor Harris? Las enfermeras no me dicen nada y el doctor Sherrill sólo me da un informe en su jerga médica. Por favor . . . dígamelo . . . ¿me podré ir pronto a casa? ¿Cuánto más tengo que estar aquí?

—Mira, no sabría decírtelo. Quiero decir que yo no soy el responsable de tu caso, como lo es el doctor Sherrill. Yo simplemente estoy para . . .

—Doctor Harris —lo interrumpí—, usted me está mintiendo. Yo sé que usted sabe. Dígamelo.

Colocó la ficha en su lugar, se puso serio por unos minuto y luego hizo lo posible por lucir su mejor cara para "alentar enfermos".

—Mira, muchachita. Yo sé lo que haremos. Hablaré con el doctor Sherrill y le pediré que te cuente toda tu historia en lenguaje claro. ¿Qué te parece?

—Eso está mejor —le contesté sonriendo—. Después de todo tengo derecho a saberlo, ¿no le parece?

El doctor Harris asintió con la cabeza y pareció querer decir algo. Luego, como si lo hubiera pensado mejor, simplemente sonrió.

Más tarde ese mismo día entró Dick, apurado, en la sala. Tenía puesto su saco, lo que me pareció bastante extraño por ser que estábamos en el mes de agosto, en pleno verano.

—He . . . he subido los nueve pisos corriendo por la escalera —comentó entrecortadamente.

—¿Por qué? —le pregunté riendo—. ¿Por qué no usaste el ascensor?

—Por esto —me contestó, abriendo la chaqueta.

De adentro sacó un precioso cachorrito vivaracho. Comenzó a treparse por encima de Dick, que estaba acostado en el suelo debajo de mi cama, y a lamerle la cara mientras ladraba suavemente, *guau-guau-guau*. Nos parecía que el ladrido debía escucharse en todo el hospital.

—Sh-h. ¡Cállate, tonto! ¿Quieres que nos echen a puntapiés del hospital? —le rogaba Dick.

Levantó al cachorrito y me lo puso cerca de la ara. Pude sentir su tibia cabecita y su lengüita húmeda lamiéndome la mejilla.

— Dickie . . . ¡Es hermoso! No sabes cómo me alegra que lo hayas traído.

— Me parece que escucho algo . . . exclamó una enfermera con un rostro de fingida severidad. Luego preguntó sonriendo:

— ¿Cómo hiciste para pasarlo por la Gestapo de la entrada?

— Entré por la escalera de atrás. Me imagino que no nos va a delatar, ¿verdad?

— Quién, ¿yo? — se agachó para acariciar al cachorro y luego lo volvió a dejar en el suelo —. No he visto absolutamente nada — dijo, y se fue a cumplir sus tareas.

Dick y yo jugamos con el cachorro por cerca de una hora hasta que lo descubrieron nuevamente. Resolvió que era mejor llevarlo:

— Bajaré otra vez por la escalera — dijo Dick, mientras se levantaba para irse —. De lo contrario me van a revisar los bolsillos cada vez que quiera entrar a verte.

Nos reímos y Dick se marchó con el cachorrito metido bajo la chaqueta.

🐦 🐦 🐦

Al día siguiente me llevaron para un examen de huesos y para hacerme un mielograma. El examen óseo fue rápido y sencillo ya que consistía básicamente en "sacar una fotografía" de mi espina dorsal. El mielograma por el contrario, no fue ni tan sencillo ni tan inofensivo. Consistía en extraer líquido específico raquídeo de la columna y sustituirlo por un colorante líquido por medio de dos grandes agujas hipodérmicas de 15 cm. cada una. A medida que entraba el colorante, empujaba hacia afuera el líquido raquídeo. Cuando se hubo completado la operación me colocaron boca abajo y en diferentes posiciones bajo el fluoroscopio mientras los médicos practicantes anotaban los resultado de cada prueba. Una vez terminado esto volvieron a introducir el líquido raquídeo, que desalojó nuevamente el colorante. Una de las consecuencias de esta operación consistía en que podía perderse algo de líquido raquídeo y secarse las puntas terminales de algún filamento nervioso (que necesitan el líquido raquídeo como lubricante); esto, a su vez originaba un severo dolor de cabeza. Como no había ninguna medicina para evitar este efecto lateral, me tuvieron que dar sedantes durante varios días.

Cuando pasó por la sala unos días después el doctor Sherrill, el cirujano a cargo de mi caso, lo acosé a preguntas:

— Doctor Sherrill, ¿qué es lo que tengo?

Su respuesta fue dicha en un tono parejo, sin inflexiones, de modo que no tuve cómo medir la gravedad de lo que expresaba.

— ¿Te has olvidado, Joni? Tienes una lesión de la columna vertebral a la altura de la cuarta y quinta vértebra cervical, causada por fractura y dislocación.

— ¿Se me quebró el cuello?

— Así es.

— Significa que moriré.

— No. No necesariamente — me respondió —. Sólo significa que se trata de un accidente de mucha gravedad. Pero el hecho de que hayas sobrevivido durante cuatro semanas nos permite suponer que ya has superado la crisis.

— ¿Quiere decir que usted suponía que yo iba a morir? ¿Lo pensó?

— Quiero decir que tenías una lesión sumamente grave. Mucha gente no logra sobrevivir de una lesión de esta naturaleza.

Me acordé de Tom y del otro hombre que había muerto mientras lo estaban tratando por algo similar a lo mío.

— Supongo que he tenido suerte — comenté.

— Mucha suerte. Y también fortaleza. Tienes una voluntad de hierro. Ahora que hemos pasado la crisis quiero que concentres toda tu voluntad en lograr la mejoría. Cuando estés en condiciones, tendremos que hacer una operación para soldar la fractura.

— ¿Qué es eso? Dígamelo en lenguaje claro, doctor Sherrill, por favor.

— Bueno. Es simplemente un proceso para reparar la columna. Tu espina dorsal está cortada y tendremos que soldar los huesos nuevamente.

¿Soldar la columna? Mi imaginación se aferró a esa idea y alzó vuelo de inmediato. *¡Eso quiere decir que podré recuperar el uso de las piernas y los brazos otra vez! Ahora entiendo lo de Romanos 8:28. Dickie tenía razón; ¡todo obra para bien! Pronto estaré de pie nuevamente . . .*

— ¿Y cuándo quiere hacer esa operación? — le pregunté.

— Lo antes posible.

— Grandioso . . . ¡hagámosla ya!

🐌   🐌   🐌

No sabía, naturalmente, lo que significaba una operación de soldadura de columna. Me había imaginado que con sólo unir nuevamente los huesos y reparar la espina dorsal todo quedaría igual que antes, y se acabaría la parálisis. Pero evidentemente no había escuchado con atención.

Después que me hicieron la operación quedé alborozada cuando me anunciaron que ya podían retirarme de la sala de terapia intensiva para llevarme a una habitación normal. *Es seña de que estoy mejorando*, pensé. *De lo contrario me dejarían en terapia intensiva.*

Mamá y papá, sonrientes y felices de que la operación había sido satisfactoria, me esperaban en la pieza y conversaban con el doctor Sherrill.

— La operación ha tenido éxito — anunció, anticipándose a las preguntas —. Todo ha salido perfecto.

Hubo un respiro colectivo de alivio.

— Ahora quiero que todos se concentren en los siguientes pasos para la recuperación. Todavía falta hacer mucho progreso. Te esperan días difíciles, Joni. Quiero que lo sepas por anticipado y que te prepares para enfrentarlos. Lo peor de la lucha es el aspecto psicológico. Ahora estás en perfecto estado de ánimo. Ya has superado tu enojo, tu frustración, tu miedo. Hasta ahora no has estado realmente deprimida. Pero ya verás cuando tus amigos entren en la Universidad. Cuando la novedad de todo esto se vaya disipando. Espera hasta que veas que tus amigos tienen otros intereses y dejan de visitarte. ¿Estás lista para eso, Joni? Si no lo estás, es mejor que te prepares. Porque tendrás que enfrentarlo. Créeme, es algo que tendrás que enfrentar.

— Sé que llevará tiempo, pero me superaré — le respondí valerosamente —. Sé que estas cosas llevan tiempo: usted mismo lo dijo, doctor.

— Sí, así es — observó papá, y agregó —. ¿Y de cuánto tiempo estamos hablando, doctor Sherrill?

Mamá observó con preocupación:

— Usted está diciendo que los compañeros de Joni irán a la Universidad para el otoño de este año. Y parece insinuar que Joni no podrá hacerlo . . . Hemos hecho un depósito para pagar sus aranceles para el primer semestre, en la Universidad de Western Maryland. ¿Cree usted que será mejor postergar su inscripción para el semestre siguiente?

— Eh . . . sí, por supuesto.

— ¿Cree usted?

— Mire, señora Eareckson; creo que sería mejor que retiraran el depósito. Deben sacarse la idea de que Joni pueda ir alguna vez a la Universidad.

— ¿Quiere decir con eso que no se sabe cuándo podrá caminar nuevamente?

— ¿Caminar? Me temo que ustedes no han entendido, señora Eareckson, que la lesión de Joni es permanente. La operación de soldadura que le hemos hecho no altera *ese* hecho.

La palabra *permanente* me golpeó en la mente como un tiro.

Me di cuenta que ésta era también la primera vez que papá y mamá se habían enfrentado con la posibilidad de que yo tuviera una lesión permanente. O todos nosotros habíamos sido demasiado ingenuos, o los doctores habían dado explicaciones demasiado vagas. Quizás ambas cosas.

Hubo un silencio pesado por unos segundos en la habitación. Ninguno de nosotros se animaba a reaccionar por temor a afligir o alterar el ánimo de los otros.

El doctor Sherrill intentaba levantarnos el ánimo.

—Joni no podrá caminar nunca, pero trataremos que recupere el uso de las manos. Muchas personas han podido llevar adelante una vida constructiva y útil sin el uso de las piernas. Pueden manejar, trabajar, atender el hogar; no está todo perdido, ¿me entienden? Lo que nos alegra es que existe la posibilidad de que vuelva a recuperar el uso de sus manos.

Mamá dio vuelta la cara y me di cuenta de que estaba llorando.

—No se aflijan, mamá, papá. Ha habido muchos casos en que gente que se quebró el cuello pudo recuperarse y caminar nuevamente. He escuchado contar de muchos casos mientras estaba aquí. ¡Sé que volveré a caminar! Lo sé. Creo que Dios tiene el propósito de hacer que vuelva a caminar. El me va a ayudar. ¡De veras! Saldré de aquí caminando por mis propios medios.

El doctor Sherrill no contestó nada. Puso su mano sobre el hombro de mamá, luego extendió la mano a papá y se retiró. Cuando estuvimos solos nos pusimos a hablar de cosas sin importancia. Finalmente mis padres se retiraron.

Quedé allí, tendida en la media luz de la habitación. Debería haberme sentido animada; la operación había sido un éxito, ya me estaba sintiendo mejor, y tenía una habitación privada. Pero no me sentía feliz. La angustia, el remordimiento y la depresión se precipitaron sobre mí como un manto asfixiante y pesado. Por primera vez desde el accidente sentí deseos de morir y le pedí a Dios que me llevara.

Al cabo de una hora llegó una enfermera a mi habitación. Era Alicia. Vació mi sonda urinaria, puso en orden las cosas y se arrimó a la ventana a correr la cortina.

— Me parece que vas a tener visitas — comentó.

— ¿Sí?

— Así es . . . Tu mamá y tu papá están allí, sentados en el patio de la entrada. Seguramente los tendrás aquí de un momento a otro.

— No. Ya han estado de visita — le contesté.

Sentí que me saltaban las lágrimas y comenzaban a rodar, calientes y saladas, por mis mejillas. Se me tapó la nariz. Tampoco me estaba permitido llorar porque no me podía limpiar la nariz. Pero de todos modos comencé a sollozar.

— Eh . . . ¿Qué pasa, Joni? — Alicia me limpió la cara con una toallita higiénica.

— Lo siento mucho. Supongo que me puse así porque pensé en papá y mamá sentados en el patio. El doctor Sherrill acaba de decirnos que mi lesión es permanente, que no podré volver a caminar. Sé que estarán allí hablando sobre eso y que estarán llorando. Se me ha juntado todo y no puedo controlarme, supongo.

Alicia pasó su mano por el borde de mi cara. Su actitud y su interés me hicieron bien. Era alentador y reconfortante sentir algo así.

— Saldré de aquí caminando, Alicia. Dios me ayudará. Ya lo verás.

Alicia asintió sonriendo.

🐦 🐦 🐦

Durante los meses que siguieron a la operación, no

mejoré en absoluto como me lo había prometido. Sólo recibía alimentación intravenosa o líquida y comencé a perder peso. La sola idea de alimentos sólidos me provocaba náuseas, y rechazaba la comida que me traían en bandeja a la pieza. Me resultaba imposible comerla. Sólo aceptaba jugo de pomelo. Las enfermeras solían acumular cantidades, y me traían vasos para que los fuera tomando.

Un día entró un extraño en mi habitación, vestido con uniforme de hospital.

— Soy Willie, el *chef* de cocina — se presentó —. Vengo a ver por qué no te gusta la comida que yo hago.

— ¡Por favor! No piense que es su comida lo que no me gusta. Lo que pasa es que la sola idea de comer me da náuseas.

— ¿Y cuál es tu comida favorita? Antes de tu accidente, ¿cuál era tu plato favorito?

— ¿Antes? Bueno . . . mi plato favorito era bistec . . . con papas asadas . . .

— ¿Y vegetales?

— Bueno . . . no sé . . . supongo que el maíz me gustaba.

— ¿Y ensaladas?

— Me gustaba la ensalada "César".

— Bueno, veremos qué podemos hacer — dijo, y se fue.

Aquella noche un enfermero asistente me trajo la bandeja como de costumbre. Cuando levantaron la tapa, pude ver un enorme bistec, grandes papas asadas, cubiertas con mantequilla y crema agria, maíz dulce, y una hermosa ensalada "César". Pero cuando puso la bandeja frente a mí, por alguna razón el aroma me hizo sentir náuseas.

— Por favor . . . llévesela. Lo siento, no puedo comerla.

Movió la cabeza con desaprobación y retiró la bandeja. Yo no pude menos que volver el rostro hacia la pared, llena de frustración y de pesar.

Nunca supe si la náusea que sentía era real o provocada por efecto de las medicinas. A esta altura, ya me había acostumbrado a mis alucinaciones y sabía que muchos de mis sueños y pesadillas eran efecto de las drogas. Últimamente había estado presintiendo la presencia de seres horribles, parados cerca de mi cama, como esperando el momento para llevarme. Y esta visión, o alucinación, o pesadilla — cualquiera de ellas — contribuía a hacerme sentir más deprimida aún. No los podía ver con los ojos pero los presentía allí cerca — terribles, feroces, deseando mi muerte — o simplemente que me durmiera. Luchaba contra el sueño por temor de que aprovecharan el momento para llevarme.

Me alegraba que viniera gente a visitarme, porque por un rato, su presencia me mantenía en contacto con la realidad, y me daba algo en lo cual poner mis expectativas. Nunca supe hasta qué punto les resultaba difícil venir a visitarme día tras día.

Cuando un amigo venía a verme por primera vez, solía actuar con inhibición y falta de naturalidad, quizás por desconocer las costumbres del hospital. Una vez que terminaban de acomodarse más o menos al ambiente, me hacían invariablemente las mismas preguntas.

— ¿Qué es lo que sientes?

— ¿Tienes dolor?

— ¿Cómo haces para ir al baño?

Muchos de los que venían de visita se sentían incómodos y asqueados. A algunos los afectaba particularmente el verme con las pinzas incrustadas en el cráneo. A veces parecían ser menos capaces de enfrentar la situación que yo misma.

Un día vinieron a verme dos compañeras del secundario. No me habían visto desde antes del accidente, y yo estaba tan poco preparada para la reacción que tuvieron, como lo estaban ellas mismas. Entraron en mi habitación y observaron la cama especial y el resto de los accesorios. Luego se pararon titubeantes al lado de mi cama. Yo las observaba de reojo mientras se acercaban.

— ¡Hola! — sonreí —, siento no poder mover la cabeza para mirarlas, pero si ustedes . . .

— Oh . . . ¡Joni! — exclamó una de ellas, entrecortadamente.

— Oh . . . ¡Dios mío! — susurró la otra.

Hubo un silencio incómodo por unos minutos. Luego escuché que salían apresuradamente de la pieza. Cuando llegaron a la puerta una de ellas dio una arcada y vomitó, mientras la otra comenzaba a sollozar en voz alta.

Sentí que una punzada de horror me recorría el ánimo. Nunca antes alguien había actuado de esa manera. ¿Era que no tenían estómago para escenas de hospital? ¿O se trataba de otra cosa?

No quise saberlo al principio. Unos días después, cuando vino a verme Jackie, me animé a preguntarle.

— Jackie ¿me puedes alcanzar un espejo?

Me había estado leyendo algunas postales y otra correspondencia, y levantó la cabeza con sorpresa.

— ¿Para qué?

— Quiero que me traiga un espejo.

— Este . . . bueno. Te traeré uno la próxima vez que venga a verte.

— No. Lo que quiero es que le pidas ahora uno a la enfermera.

— Mira, ¿por qué no esperamos? Te traeré un juego de tocador completo de casa para la próxima visita.

— ¡Jackie! Tráeme un espejo — ya me estaba enojando con ella —. Me traes el espejo ahora mismo . . .

Se fue lentamente hasta la puerta y al rato estuvo de vuelta con el espejo. Le temblaban las manos y parpadeaba nerviosamente al sostenerlo frente a mí para que me mirara.

— ¡Estoy horrible!

Dios mío . . . ¡cómo pudiste hacerme esto!, oré entre lágrimas. *¿Qué es lo que me has hecho?*

El rostro en el espejo casi no parecía humano. Al mirarme en él vi dos ojos hundidos y sombreados por negras ojeras, vidriosos y sanguinolentos. Mi peso había bajado de 60 a 35 kgs. de modo que parecía poco más que un esqueleto cubierto de piel, amarilla por la ictericia. Mi cráneo rasurado no hacía sino acentuar mi aspecto grotescamente esquelético. Mientras hablaba advertí que mis dientes estaban ennegrecidos por efecto de los medicamentos.

Yo también sentí deseos de vomitar.

Jackie retiró el espejo y comenzó a llorar junto conmigo

— ¡Joni! —sollozaba—. ¡Lo siento! Yo no quería que te vieras.

— Por favor, llévatelo . . . ¡Nunca más quiero mirarme en un espejo! Jackie; no puedo aguantar más. Me estoy muriendo, Jackie. Mírame, si ya estoy casi muerta ahora. ¿Por qué me dejan vivir un minuto más?

— No lo sé . . . Joni. No lo sé.

— Jackie, tienes que ayudarme. Me están manteniendo viva artificialmente. No está bien. De todos modos me estoy muriendo. ¿Por qué no me dejan morir, simplemente? Jackie, por favor . . . tienes que ayudarme . .

— insistía, rogándole.

— ¿Qué quieres qué haga, Joni?

— No sé. Que me des algo . . . tú sabes . . . una sobredosis de pastillas.

— ¿Me estás diciendo que quieres que te mate? — preguntó incrédula.

— Sí, bueno, no, no que tú me mates. Sólo estarás ayudando a que me muera antes. Mira, ya me estoy muriendo. Estoy sufriendo, Jackie. ¿Acaso quieres dejarme que sufra así? ¡Si pudiera moverme lo haría sola! — me sentía frustrada y llena de rabia.

— Por favor, Jackie, córtame las muñecas; no tengo sensibilidad en ellas. No siento ningún dolor. Moriré en paz, Jackie. ¡Por favor! Tienes que hacer algo.

Jackie comenzó a sollozar.

— ¡No puedo, Joni, no puedo!

Yo seguía rogándole.

— Jackie, si realmente sientes algo por mí, debes ayudarme. Ya me estoy muriendo . . . ¿no te das cuenta? ¡Mírame! ¿No te basta con mirarme?

— Joni, no te das cuenta lo que estás pidiéndome. Jamás podría hacerlo. Tal vez *sería* mejor para ti. No lo sé. ¡Estoy tan confundida! Quiero ayudarte . . . te quiero más que a ningún otro ser en este mundo y me mata verte sufrir así. Pero . . . pero nunca lo haría.

En ese momento no volví a decir nada más. Pero en muchas otras ocasiones, cuando me acometían períodos de frustración y depresión, le rogaba a Jackie que me ayudara a quitarme la vida. Me daba cólera no poder hacerlo por mí misma.

Me ponía a fantasear la manera de hacerlo. Lo más fácil sería tomar alguna píldora, pero las enfermeras lo advertirían y me haría un lavado de estómago. Podría pedirle a Jackie que me cortara las muñecas. Como no tenía sensibilidad en ellas, no sentiría ningún dolor. Podría esconderlas bajo la sábana . . . pero, no. Seguramente que me descubrirían. Todo lo que podía esperar era un accidente en mi tratamiento que lograra quitarme la vida.

Después de estas rachas de depresión, Jackie tomó más conciencia de mi aspecto exterior. Trataba de ayudarme a que me "sintiera presentable" ante la gente, y procuraba interesarme en cosas que me quitaran la mente de mi situación.

— Pronto estarás bien, Joni — aseguraba —. Recuerda que el Señor ha dicho que no permitirá que suframos más de lo que podamos humanamente aguantar.

— ¿Te parece? — farfullaba yo de mal humor.

Debido a la medicación y también por efecto de la parálisis, desarrollé una reacción hipersensible hacia la luz y los sonidos. El doctor Harris decía que eso era síntoma de que mis nervios se estaban curando, pero me producía un intenso malestar. Alcanzaba a escuchar con toda claridad las conversaciones de las piezas contiguas. La rutina normal del hospital se transformó en una ensordecedora cacofonía discordante.

Un día caluroso de verano Jackie estaba corriendo de lugar un ventilador para aproximármelo, y se le cayó accidentalmente. El batifondo que hizo al sonar contra el piso de baldosas pareció estallar dentro de mi cabeza como una dolorosa explosión.

— ¡Jackie! — grité, insultándola. Las palabras horribles que me salieron de la boca eran extrañas y obscenas, arrancadas de algún oscuro rincón de mi mente. La insulté de una forma terrible.

Luego me inundó la vergüenza.

— ¡Lo siento, Jackie! ¡Es tan fácil venirse abajo! — le dije, mientras sollozaba en voz baja —. Sé que Dios tiene que tener un propósito en todo esto. Por favor, háblale a Dickie antes de irte. Lo necesito. Dile que venga esta noche.

Jackie asintió con la cabeza y empezó a irse.

Jackie, espera. Quiero decirte algo antes que te vayas.

Se paró junto a mí.

— Eres una amiga tan fiel . . . casi lo doy demasiado por sentado. Te grito todo el tiempo, me desahogo contigo porque no lo puedo hacer con otros. A veces tengo deseos de explotar contra Dios, contra papá y mamá, contra Dickie. ¿Sabes? Es como si juntara presión y tuviera que descargarla en algún lado. Pero sólo me animo a hacerlo contigo. Papá y mamá ya sufren demasiado . . . Me tengo que esforzar para ser agradable con ellos. No es justo que los cargue con mis críticas y pretensiones, ni que los trate mal, cuando vienen a verme. Y no me animo a perder a Dick descargándome contra él. Lo necesito . . . no podría perderlo, quizás para siempre, por descuidarme un instante y herirlo. Así que, Jackie, lo siento. Eres mi chivo emisario. Te cargo con la furia de todas las amarguras que acumulo y dejo estallar.

Jackie se sonrió cálidamente y se encogió de hombros.

— No te preocupes, Joni. Yo sé que no lo dices sintiéndolo realmente. Además — agregó con un gesto sonriente — ¿para qué son los amigos?

Se acercó, me estiró el camisón del hospital y me besó la frente.

— Le daré tu mensaje a Dickie.

Dick vino por el hospital unas horas después. Me leyó palabras reconfortantes de la Biblia, de la versión parafraseada del Nuevo Testamento de J. B. Phillips, mientras yo lo escuchaba con ánimo tranquilo. Muchos de los pasajes cobraban un significado muy actual.

— Escucha esto, Joni — dijo Dick entusiasmado —. "Cuando se les acumulen toda clase de pruebas y tentaciones en la vida, mis queridos hermanos, no los resistan con resentimiento, como si fueran intrusos. Más bien recíbanlos como amigos. Comprendan que son cosas que les llegan para probar su fe y producir en ustedes la virtud de ser pacientes" (Santiago 1: 2-4).

— ¿Y qué quiere decir eso, Dickie?

— Pienso que quiere decir exactamente que Dios permitió tu accidente por algún propósito, no como una intrusión en tu vida, sino como una prueba para tu fe y para tu entereza espiritual.

— ¡Ay! Cómo he estado defraudando al Señor, entonces.

—Escucha lo que sigue, Joni: "Y si, en el proceso, a alguno de ustedes le falta capacidad para enfrentar algún problema en particular, pídale ayuda a Dios, quien da a los hombres generosamente, sin hacerlos sentir inferiores ni culpables."

—Mi problema es algo que yo misma no tengo la capacidad para solucionar, Dick. Pidámosle a Dios que él me cure. Tal como dice allí.

Dick dejó de leer y comenzó a orar: "Padre, te damos gracias por tu cuidado y tu protección. Te damos gracias por tu Palabra, la Biblia, y por las promesas que allí encontramos. Tu Palabra dice que si alguno no sabe cómo enfrentar un problema, sólo tiene que pedir ayuda a Dios. Bueno, Señor, lo estamos haciendo; por favor, escucha nuestras oraciones, en el nombre de Jesús, Amén."

Luego oré yo: "Señor Jesús, me duele no haberte buscado ante para recibir tu ayuda. Nunca pensé que mi accidente tuviera algo que ver con la prueba de mi fe. Pero ahora lo veo así Señor, tal como lo dice tu Palabra, creo que este accidente ha servido para probar mi fe y mi perseverancia, pero también siento que realmente deseas curarme. Gracias por la lección que me has dado. Voy a confiar en ti con la ayuda tuya. Gracias porque aun este accidente puede 'obrar para bien'. Te pido que los que me rodean puedan verte en mí. En tu nombre lo pido, Amén."

Después de eso comencé a ver más positivamente algunos de los aspectos de mi situación. Durante los días que siguieron comencé a comentar con las enfermeras, doctores y visitas que recibía, la convicción de que Dios había permitido mi accidente para probar mi fe y mi perseverancia.

—Ahora que he aprendido la lección, puedo confiar en él para que me cure y pueda caminar nuevamente. ¡Ya lo verán! —les decía.

Adopté esa misma actitud en todo.

El doctor le había dicho a papá:

— Quiero que sepa que su seguro no va a alcanzar a cubrir los gastos ocasionados por el accidente de Joni. Los gastos hospitalarios probablemente sumen unos 30 mil dólares más o menos, antes de que podamos darla de alta.

Yo le dije a papá simplemente:

— No te aflijas. Dios proveerá todo lo que sea necesario.

Cuando el doctor Sherrill me explicó: "Joni, la parálisis es algo generalmente mucho más difícil de sobrellevar en una persona que ha sido atlética que en una persona normal. Quiero que sepas que cuando te veas atacada por la depresión, tendrás una lucha realmente dura", le contesté despreocupadamente: "Dios me va a ayudar."

Cuando una enfermera me comentó: "Estuve leyendo acerca de tu caso. ¿Sabes? Si tu fractura hubiera ocurrido dos centímetros más abajo, todavía podrías usar los brazos. Qué pena, ¿verdad?" le contesté enseguida: "Sí. Pero si la fractura hubiera sido dos centímetros más arriba, estaría muerta. Dios lo sabe todo mejor que nosotros, ¿no crees?"

Justo después del día del trabajo, que es el primer lunes de septiembre, Dick vino a verme con un regalo. Mi pieza estaba repleta de animales de paño, carteles, cuadros, tarjetas, y otros recuerdos especialmente hechos para dar aliento a los enfermos. Uno de ellos era un oso de *felpa*, de color verde y blanco, al que empapé de colonia *British Sterling* y le puse el nombre de Dick. El aroma familiar me reconfortaba y recordaba la presencia de Dick, cuando él estaba ausente.

Este día Dick me trajo una enorme Biblia de estudio, una que tenía un tipo de letra lo suficientemente grande como para que yo pudiera leerla desde el piso, cuando me ponían boca abajo en la cama. Si alguien me daba vuelta las páginas, yo podía leerla por mí misma. En la dedicatoria decía:

A mi querida Joni, con la esperanza de que Cristo siempre permanezca en nuestra relación, y nos dé la paciencia para esperarnos mutuamente. Con todo amor,

Dick
Romanos 8:28

Septiembre 9, 1967

Poco después de ese día, Dick, Jackie y todos mis amigos partieron para la Universidad. Dick viajaba "haciendo dedo" de allí cuantas veces podía, para poder estar conmigo un rato. Yo no sospechaba lo difícil que le resultaba hacerlo, ni que sus estudios se resentían debido a la atención que me dedicaba. Simplemente daba por sentado que él debía estar allí. En mi minúsculo mundo egoísta, no me importaba la manera en que lograba hacerlo: sólo quería que él estuviera allí conmigo. Después de todo, lo necesitaba. Sin darme cuenta comencé a usar mi accidente como un arma para mantenerlo interesado. Una noche hasta apelé al chantaje.

— Hola, Joni — Dick sonrió con satisfacción mientras se inclinaba para besarme.

— ¿Dónde has estado? Ya son casi las ocho.

— Perdóname. No pude zafarme. ¿Qué tal pasaste el día?

— Dijiste que estarías a las seis, y ya son las ocho. Sólo podrás estar aquí media hora antes que sea el momento de irte. ¿Qué clase de visita es ésta? — le dije echando chispas.

— Joni, te dije que lo lamentaba. Me fue imposible

venir antes — Dick se estaba poniendo a la defensiva, y yo tampoco quería que se enojara.

— Dickie . . . no sabes lo miserable que transcurre el día sin ti. Anoche soñé que me dejabas por otra chica . . .

— Jamás haría eso.

— Prométemelo, Dick. Dime que mè quieres y que nunca me dejarás.

— Ya sabes lo que siento por ti, cariño.

— Quiero que me lo digas . . . Dímelo.

— Te quiero — dijo Dick simplemente.

Me di cuenta que no quería decirlo. No porque careciera de un profundo sentimiento por mí; yo sabía que lo tenía. Más bien le molestaba que yo le exigiera decirlo. Quería expresarlo a su manera y en el momento en que él lo deseara. Pero se sonrió y dijo, como para agregar un poco de espontaneidad:

— Te quiero desde hace mucho tiempo, Joni. Si hubieras esperado cinco minutos te lo hubiera dicho de nuevo, sin que tuvieras que dictármelo.

— Pero yo necesitaba oírtelo decir ahora, Dickie.

— Bueno. Ahí lo tienes: Te quiero, te quiero, te quiero — Cada vez que lo repitió se agachó para darme un beso.

— Dickie, no sabes lo mucho que te quiero yo también. ¡Qué hermoso será cuando pueda salir de aquí!

— Estoy orando para que eso sea pronto. No te imaginas cómo me descalabra los estudios esto de tener que venir "a dedo" todas las veces.

— Podría pasar mucho tiempo todavía aquí.

— ¿Te comentaron algo hoy?

— Me dijeron que necesito muchos meses de rehabilitación. Quizás un año.

— Eh . . . ¿tanto?

— Dickie, tengo miedo . . . Puedo enfrentar esto si te tengo a ti. Tienes que ayudarme. No puedo soportarlo sola. Si me dejas me voy a morir. No podré seguir viviendo. Prométeme que no me dejarás.

— Por supuesto.

— Si realmente me quieres, debes prometerme que siempre estarás conmigo . . .

— Por supuesto — dijo, bajando la vista.

— Primero recuperaré el uso de mis manos. Después volveré a caminar. Luego iremos juntos a la Universidad — le aseguré.

— Así es — dijo Dick, en un susurro.

— ¿Cómo es la Universidad? ¿Realmente linda?

— Bueno . . . Sí. Muy linda. Bastante más exigente que el secundario, sin embargo — comentó Dick —. Sí, bastante más exigente.

— Quizás porque te has propuesto abarcar tanto. ¿Cómo va el equipo?

— ¿El equipo? Lindo, supongo. Se juega el primer partido este viernes.

— ¿Te sientes en condiciones? — le pregunté con entusiasmo.

— No juego — contestó Dick, simplemente.

— ¿No juegas? ¿Por qué?

— Perdí mi beca.

— Pero ¿por qué?

— Bah . . . no tiene importancia que te lo diga.

— Ay, Dickie . . . lo siento.

Es porque tiene que visitarme tan seguido; no le queda tiempo para estudiar, me dije a mí misma.

— No es para tanto. Todavía tengo tiempo para eso. ¿Quieres que te lea algo de la Biblia?

— Esta noche no, Dickie. Siento cansancio. Además te tienes que ir enseguida. Abrázame y bésame antes de irte.

Se inclinó y sostuvo mi mentón entre sus manos. Luego me besó con suavidad, prolongadamente.

— Te quiero — susurró —. Te esperaré toda la vida; tú lo sabes. Recuérdalo siempre. Recuerda que siempre me tendrás aquí.

Cuando se fue, lloré amargamente. Me sentía mezquina y egoísta. Lo había puesto contra la pared. ¿Qué opción podía tener? ¿Habría podido decir lo que realmente sentía? "Joni, todavía somos demasiados jóvenes para saber si podremos casarnos. No sabemos la voluntad de Dios para nuestro futuro. Veamos cómo se desarrollan las cosas. Ya sabes que puedes contar conmigo en todo. Te quiero muchísimo." Estoy segura que hubiera querido decir eso. Pero mis emociones gastadas no estaban lo suficientemente fuertes como para recibirlo. Y Dick era demasiado sensible como para herir mis sentimientos — especialmente después del accidente — así que dijo lo que yo quería escuchar.

De esta manera yo había introducido una cuña en nuestra relación. Había exigido sentimientos y promesas antes de que estuvieran realmente maduros. Comencé a perder confianza en todas mis motivaciones.

Aquella noche, mientras oraba, prometí al Señor corregir todo lo que había hecho: "Haré todo lo necesario para merecer el amor de Dick. Haré todo lo que esté de mi parte para volver a caminar. Así no tendrá que amarme en razón de mi accidente, sino porque realmente lo desea. Haré que las cosas mejoren. Eso es lo que realmente quiero, Señor. Por favor . . . por favor . . ."

🐸 🐸 🐸

Cuando vino a verme al día siguiente la terapeuta del hospital, recordé las palabras de Jason: "Tienes que pelear." "TF" significa terapia física y es el primer paso en toda rehabilitación. Decidí que iba a poner todas mis fuerzas en lograrla.

La terapeuta me sujetó los brazos a cabestrillos y comenzó a explicarme en qué consistía el proceso.

—Tu fractura está a la altura de la cuarta y quinta vértebra dorsal, como ya sabes. En el nivel superior de la columna están los nervios de los órganos vitales, el corazón y los pulmones. Las personas que se lesionan a esta altura raramente sobreviven al accidente. En el segundo y tercer nivel están los nervios que controlan los músculos del cuello y los movimientos de la cabeza —continuó explicándome—. Cuando ocurre una fractura en el cuarto y quinto nivel, lo que resulta, como en tu caso, es cuadriplejía. El sexto nivel controla los músculos del pectoral y los brazos. Ahora bien, tú tienes sensibilidad en los hombros, antebrazos y pecho, justo por encima de los senos. Eso significa que quizás puedas hacer que otros músculos, los de la espalda o los de los hombros, por ejemplo, compensen los músculos que has perdido en los brazos.

—¿Eso es lo que quieren decir los médicos cuando se refieren a la recuperación del uso de los brazos? —le pregunté.

—En parte. Tu ficha muestra que tienes un cincuenta por ciento de uso de los bíceps, los músculos del antebrazo, que te permiten mover los brazos de la forma más amplia. No podemos saber, hasta no avanzar en la terapia, cuánto progreso puedes llegar a hacer. Tendremos que lograr que nuevos músculos se entrenen para ejercitar movimientos motores por aquellos músculos cuyo uso has perdido.

—Bien. Hagamos la prueba —le dije.

—Primero, trata de levantar el brazo usando los músculos de la espalda, cuello y hombros. Para empezar, simplemente intenta moverlo —me indicó.

Lo intenté una vez. No pasó nada. Cerré los ojos para concentrarme mejor. Sentí que mis músculos se ponían en tensión y vibraban, pero parecían independientes de mi voluntad. No logré que se movieran.

—Sigue intentando. Lo conseguirás —me instaba la terapeuta.

Me crujían los dientes al probar por segunda vez. Nada.

—Vamos . . . Joni. Prueba otra vez —insistió.

— ¿Acaso no cree que estoy probando? — le contesté abruptamente, echando una maldición.

— Es cuestión de ejercitar los músculos nuevos hasta que logren hacer el trabajo de los anteriores. No intentes levantar el brazo con tus músculos viejos. Recuerda como están enganchados los músculos a los ligamentos y huesos del brazo; trata ahora de obtener movimiento de estos otros músculos. Simplemente tuerce o flexiona la espalda y fíjate si puedes mover el brazo de esa manera.

Probé una vez más mientras ella me señalaba el lugar preciso. Durante más de diez minutos ejercí toda mi fuerza de voluntad y mis energías. Finalmente moví el brazo escasamente un centímetro, para dejarlo caer flojamente.

— ¡Espléndido! ¡Hermoso! Una vez más — insistió —. Pon todas tus energías y concéntrate en levantar el brazo y sostenerlo.

Usando todas mis fuerzas volví a intentar. Después de varios minutos de tensión y en un esfuerzo impresionante, mi brazo volvió a levantarse esta vez dos centímetros . . . y mantuvo su esfuerzo contra el cabestrillo que lo sujetaba.

— ¡Otra vez! — ordenó.

— No puedo . . . me duele. Me cansa demasiado. Tengo que descansar primero — le rogué.

Había pasado casi media hora y todo lo que había logrado en ese lapso era levantar dos centímetros el brazo un par de veces.

— Bueno, esta bien, Joni. Ya ves que no es tarea fácil. Tenemos que trabajar bastante antes de empezar realmente con la rehabilitación. Pero pronto te pondremos lo suficientemente fuerte como para que puedas ir a Greenoaks — comentó con una sonrisa.

— ¿Greenoaks?

— Sí. El Centro de Rehabilitación de Greenoaks — me

explicó —. El doctor Sherrill te dirá más acerca de él. Será el próximo paso a seguir. Es un hospital especializado en lesiones motoras.

— ¿Un centro de rehabilitación? ¡Ah, sí! Ya recuerdo. ¡Allí es donde aprenderé a caminar nuevamente!

La terapeuta sonrió, desató los cabestrillos, y se puso de pie.

— Buena suerte, Joni. Mañana trabajaremos de nuevo contigo. Tenemos que ponerte en condiciones para llevarte a Greenoaks.

Cuatro

Por cerca de un mes concentré mis esfuerzos en prepararme para ir a Greenoaks. Allí era donde aprendería a caminar y la vida comenzaría de nuevo para mí. Cuando llegó el aviso de que ya tenían lugar para mí, todo el mundo estaba entusiasmado. Las enfermeras y los doctores se llegaban a mi habitación para desearme suerte en este paso hacia mi rehabilitación.

—Bueno, muchachita, a portarse bien . . . Nada de fiestas desenfrenadas ni de andar haciendo escándalos por allí —bromeaba el doctor Harris—, o tendremos que ir a buscarte y traerte aquí de nuevo.

—¿Sí? ¡Eso es lo que usted cree! —le contestaba—, ¡no me traerán jamás de vuelta aquí! Ya tienen demasiada gente enferma para entretenerse. Bueno . . . puede ser que uno de estos días me dé una vuelta . . . —me corregí—, pero vendré caminando y los llevaré a almorzar al restaurante.

—Trato hecho, muchacha —me contestó el doctor Harris con una sonrisa de picardía. Estrujó mi hombro, me guiñó el ojo y se fue.

Dos enfermeras —Anita (la que más me gustaba) y Alicia— me ayudaron a descolgar todos mis cuadros y carteles y empaquetar todas las cosas que habían venido acumulándose (varias cajas llenas), durante mi estadía de tres meses y medio en el hospital.

Finalmente llegaron los asistentes para transportarme a la ambulancia que esperaba en la puerta de entrada para llevarme a Greenoaks. En el momento en que la camilla cruzó las puertas dobles de la entrada a la planta baja, una leve ráfaga de hermoso aire puro y dulce me hizo cosquillas en las fosas nasales. El sol brillaba por todas partes.

— ¡Eh! . . . esperen un momento, ¡por favor! — les pedí a los asistentes —. ¿No huelen ese aire? — les comenté entusiasmada.

— ¡Contaminado! . . . — bufó uno de ellos con buen humor.

— ¡Ah . . .! Es hermoso — repetí, aspirando profundamente su riqueza, y fuerte fragancia.

— ¡Cuidado! Te vas a emborrachar con oxígeno — bromeó uno de los enfermeros.

Deslizaron la camilla en la ambulancia, cerraron las puertas y comenzamos el viaje a Greenoaks.

No pude menos que comparar este viaje de ambulancia con el anterior. Los árboles estaban verdes, el césped y las flores lucían magníficos y lozanos, el aire caliente y húmedo, y la gente vestida de ropas livianas.

Hoy el aire estaba terso y fresco. Los negocios estaban decorados para la fiesta de *Halloween*, (el día de las brujas), y se veían las liquidaciones de otoño en las vidrieras. Los árboles eran de color oro, rojo y naranja. Todo el paisaje reflejaba la rica variedad del colorido y la textura otoñales.

¡Toda una estación había transcurrido desde que yo había llegado al hospital! Me producía una sensación extraña, pero no llegó a molestarme. La animación y la hermosura del viaje eran demasiado emocionantes para gastarlos pensando en el verano perdido.

Dejé que el sol cálido me bañara el rostro a través de la ventanilla y el conductor bajó el vidrio delantero para que el aire fresco pudiera entrar y acariciarme la cara.

Fue una experiencia tan placentera que casi lloré de alegría.

A medida que nos aproximábamos a Greenoaks crecía mi entusiasmo. Greenoaks. Hasta el nombre tenía un sonido atractivo. En mi imaginación yo me figuraba una estructura colonial, con altas columnas blancas abiertas a una vasta extensión de césped verde, sombreada por robles gigantescos.

Cuando arribamos a la entrada, sin embargo, pude ver que no tenía nada que ver con esto. Era un edificio chato, extendido, de ladrillos, más bien con un aspecto de planta industrial, de complejo de oficinas o de fábrica.

—Bueno . . . aquí estamos — anunció el conductor.

—Ajá . . . — comenté desganadamente.

—¿Te pasa algo?

—Eh . . . no. Supongo que no — agregué un tanto avergonzada —. Será que nunca se cumplen las expectativas de aquellos lugares que nos imaginamos con anticipación. ¿Me entiende?

Movió la cabeza afirmativamente y luego agregó:

—No te aflijas. Aquí se trabaja bien. Pienso que te habrá de gustar. Hay un buen número de chicas de tu edad. Vas a simpatizar con ellas magníficamente.

—Así lo espero — respondí aprehensivamente.

A medida que me empujaba por el pasillo hacia la sala que me habían asignado, miré a mi alrededor, y hacia el interior de las habitaciones que tenían la puerta abierta. Todo estaba quieto, como en el hospital. No se veía a nadie "curado", es decir *caminando*.

Vi a personas hundidas en sus sillas de ruedas, encasilladas en sus camas especiales, o acostadas en camas comunes. El pasillo me parecía oscuro y deprimente, con gente en sillas de ruedas alineadas a ambos lados. Era una institución bastante anticuada, y muy necesitada de refacción.

Cuando finalmente llegamos a mi habitación me sentía desalentada.

Papá y mamá estaban allí para recibirme. Se habían encargado de firmar mi admisión, y de los detalles referentes al pago y otros trámites. Trataron de levantarme el ánimo, pero no bien me acomodaron lo mejor posible, pidieron disculpas y se retiraron. Había observado esta misma reacción anteriormente, el día que nos anunciaron que mi lesión era permanente. Me di cuenta de que mis padres estaban nuevamente a punto de perder la compostura y que no querían que yo fuera testigo de sus lágrimas y su desaliento. Al retirarse me dijeron: "Volveremos lo antes posible, tesoro."

Después que se fueron eché un vistazo a mi habitación. Había varias otras chicas que compartían conmigo esta pequeña sala. Opté por presentarme:

— Hola. Soy Joni Eareckson — empecé a decir.

— ¡Joni Eareckson! — escuché a una de ellas repetir mi nombre con desprecio y agregar luego una sarta de obscenidades —. Bah . . .

Eso era todo lo que se escuchaba en el *Hospital City* Joni de aquí, Joni de allá — me daba vómito.

Desconcertada por la amargura de esa voz, me recuperé lo suficiente como para sonreírme y decir:

— ¡Vaya! . . . No sabía que tenía admiradores por aquí.

Con eso se quebró el hielo. Las otras se rieron.

— Tendrás que pasar por alto las salidas de Ana — me explicó una de ellas —. Hace poco que ha venido aquí. La llevaron al *Hospital City* poco después que a ti, y me imagino que no fue una paciente modelo como lo eras tú. Parece que no hacían mas que compararla contigo. Me llamo Betty, Betty Jackson. La chica que está en aquella cama se llama Denise Walters.

— ¡Hola! Perdóname si no me pongo de pie.

— Sí . . . Ya sé lo que es esa insensibilidad — chanceé, agregando luego —, es un placer conocerte, Denise.

73

— Aquí hay otra Betty — dijo Betty Jackson (haciendo un gesto flojo con su brazo inútil) —. Ella es Betty Glover. A mí me llaman B.J. para distinguirnos.

Betty Glover era una chica negra, pequeña y bonita, que parecía ser mucho más joven que el resto de nosotras.

— ¡Hola, Betty! — le sonreí.

Betty levantó la vista y apenas hizo un gesto saludándome.

— Estoy aquí porque me quebré el cuello, como tú — me explicó B.J.

Betty tiene un coágulo en la espina dorsal. La están sometiendo a un estudio para saber por qué tiene parálisis. Y Denise está aquí porque tiene E.M.

— ¿E.M.? — pregunté sin saber de qué se trataba.

— "Esclerosis múltiple."

Lamenté haberlo preguntado Recordé algunos comentarios que había oído acerca de la esclerosis múltiple, cuando estaba en el hospital. *Es una enfermedad fatal. Denise no llegará a pasar de los veinte años,* pensé, mientras me estremecía por dentro y me maravillaba que ella pudiera mantener esa actitud tan abierta y llena de gracia.

— ¡Y aquí . . . señore-es- . . . en este rincón . . . — siguió payaseando B.J. —, está Ann Wilson, cuya boca ya conocen. Ann está a cargo de . . .

— ¡Oh! ¡Vete a.....! — insultó.

Sacó el cigarrillo de la boca y se lo arrojó a Denise, pero cayó inofensivamente sobre el piso de baldosas.

— Y bien. Ya nos conoces a todas. ¿Estás lista para "casarte" con nosotras? — me preguntó B.J.

— Sí . . . supongo que sí — me las arreglé para responder. *Excepto por Ann y ese humo de cigarrillo,* pensé para mis adentros.

Ann ya había encendido otro cigarrillo. Mientras estuve en el hospital había logrado conseguir que la gente no fumara cerca mío. Aquí en Greenoaks, muchos de los pacientes fumaban. La costumbre de fumar me resultaba fea y el olor desagradable. Era algo que prefería que las personas hicieran únicamente en sus propias casas o habitaciones, no alrededor mío. Detestaba el olor acre del cigarrillo y el humo me ahogaba. Pero aquí sólo tenía derecho a una quinta parte de la sala. No me quedaba sino acostumbrarme al humo y adaptarme lo mejor posible a la situación.

Probé el único recurso que conocía y le dije:

— ¿Sabes, Ann? Esa porquería trae cáncer al pulmón. Te va a causar la muerte.

Me miró de frente y contestó en tono parejo:

— ¿Y por qué crees que lo hago?

Ann no resultó ser ni tan difícil ni tan agresiva como pensé en mi primera impresión. Comencé a ver en ella muchas de mis propias actitudes de amargura y resentimiento. *No hace tantas semanas yo estaba pasando por una etapa de depresión y desesperanza similar,* recordé. Yo también quise matarme. Por encima de todo, Ann estaba completamente desorientada. Usaba el enojo como invectiva, porque no sabía qué otra cosa hacer. Decidí que intentaría acercarme y conocerla mejor.

Durante los días que siguieron pude conocer un poco más de lo que era Greenoaks. Había pacientes de toda edad y de trasfondos de diferentes niveles económicos, ocupacionales y raciales, repartidos en las cuatro alas de la institución. Entre ellos había amputados, parapléjicos, cuadripléjicos, víctimas de polio, aquellos que sufrían de distrofias musculares, de esclerosis múltiple, y otras enfermedades que afectan el sistema nervioso motor.

— ¿Por qué es que entre tantos casos recientes la mayoría son de nuestra edad? — le pregunté a B.J.

— Cuellos quebrados. La mayoría de las fracturas de cuello ocurren en el verano, debido a accidentes de natación y salto acrobático. Suelen pasar un par de meses en los hospitales urbanos y luego vienen aquí para "rehab" — explicó.

Tomé nota de la forma que había abreviado la palabra rehabilitación. Me gustaba aprender todos esos términos de la jerga hospitalaria que usaban las chicas, para no aparecer tan novicia.

— ¿Cuántos de los casos de fractura de cuello son recientes? — pregunté.

— Más o menos unos diez o quince.

— ¿Y cuánto tiempo has estado tú aquí, B.J.?

— Dos años — contestó.

¡Dos años! Sentí un escalofrío interior ante la idea. *¡Dos años y todavía sigue paralizada y en una cama, igual que yo!* La idea de que yo pudiera estar aquí todo ese tiempo realmente me deprimía. Me quedé callada un buen rato.

Esa noche, mientras yacía en mi cama, tratando de dormir, me invadió nuevamente la vieja actitud de amargura que me había causado tanta desesperanza en el hospital. Traté de orar, pero no pude. Intenté recordar algunas de las promesas de la Palabra de Dios que pudieran infundirme ánimo. Pero nada parecía alentador.

Aparentemente las otras chicas se habían adaptado a la situación. Conversaban entre sí tranquilamente, esperando que apagaran las luces. Excepto Ann. Se quejaba en voz alta, matizando sus objeciones con lenguaje picante. Decidí que aunque tuviera que pasar el resto de mi vida en una institución como ésta, trataría de ser agradable — al menos en la superficie — y no como Ann. No tenía absolutamente ningún amigo que viniera a verla. Y dentro del hospital, la gente le devolvía el mismo trato que les daba ella. Nadie se esforzaba por comprenderla o intentaba hacerse amigo.

Necesito tener amigos o me volveré loca, me dije a mí misma. De modo que prometí no perder los estribos ni con mama ni papá, ni Jackie, ni con los demás que venían a verme. No importa cuán amargada estuviera, no lo dejaría aflorar.

—Buena idea —observó B.J. cuando le conté mi propósito al día siguiente—. Porque lo que es aquí no hallarás mucha simpatía. Todos se sienten igual. Yo te aconsejaría que no trataras de hacerte amigos aquí adentro.

—¿Por qué? —no pude menos que extrañarme

—Porque esto es una torre de marfil. Todo el mundo aquí está en iguales condiciones, una pierna o un brazo más o menos, de modo que es muy fácil. Luego te dejarán hacer visitas a tu casa, cuando logres estar sentada el tiempo suficiente, pero fíjate: uno no puede ver las horas de regresar al Centro. Porque es mucho más fácil estar donde todos tienen lo mismo. No se lucha con cabestrillos, sillas de ruedas, y demás. Cuesta salir de aquí. Además, la gente de la calle cree que porque tienes las piernas paralizadas, tu cerebro también lo está. Y te tratan como a una imbécil. Así que todos terminan volviendo aquí, para seguir quejándose y comparando sus lesiones, pero contentos de quedarse porque se sienten más seguros. Te pasará lo mismo a ti si te limitas a hacer amistades aquí adentro. No porque sea más fácil vivir en una torre de marfil eso significa que sea mejor. No lo es. Yo sé lo que te digo. He estado aquí dos años. No importa lo que hagas, debes mantener tus amigos de afuera.

Jay parecía darse cuenta de mis necesidades emocionales en ese sentido. No sólo venía ella misma a menudo, sino que muchas veces juntaba mis viejas amistades de la escuela y me las traía. Me acuerdo en particular la vez que Jay y algunas amigas se disfrazaron y me vinieron a ver la noche de Halloween. Pero aquí sí que no se podían romper las reglas. A diferencia de las enfermeras del Hospital urbano, el personal de Greenoaks exigía severamente el cumplimiento del horario de visita, así que a las ocho en punto, Jay y las chicas tuvieron que retirarse.

Mis días se convirtieron en una insípida rutina, iluminada únicamente por la llegada de visitas. A mí se me confinaba a la cama porque tenía llagas que me impedían otra posición. Una enfermera me alimentaba por la mañana y vaciaba la bolsa urinaria. Luego controlaba el espejo circular que había por encima de la cama para que pudiera ver la televisión.

Al mediodía me alimentaban y "vaciaban" de nuevo. Y más televisión por las tardes. Por la mañana miraba loa programas de concursos. Por la tarde veía "telenovelas". Luego otra comida y "vaciada" de sonda, seguida de más televisión hasta la hora de apagar las luce Cada nuevo día era una prolongación aburrida y monótona del día anterior — comer, mirar TV, dormir — en un ciclo ininterrumpido, enfermante.

Tuve que aprender a comer y tomar alimentos con rapidez. El personal estaba siempre ocupado, demasiado ocupado para retrasarse con los que haraganeaban con la comida. Estaban demasiado ocupados por hacer poco más que atender a nuestras necesidades físicas inmediatas. Si me llegaba a picar la nariz tenía que esperar que Jay o alguna persona de servicio estuviera cerca. Me estaba creciendo nuevamente el cabello y lo tenía enredado, apelmazado y sucio. Me llovía la caspa porque no había nadie que tuviera tiempo para lavarme la cabeza.

Un día que Jay vino de visita, preguntó:

— ¿Qué es ese olor terrible?

— ¿Qué olor? — pregunté.

— ¡Ugh! . . . es tu pelo. ¿Cuánto hace que te lo han lavado? — quiso saber.

— Hace cosa de un mes, en el hospital — respondí.

— ¡Está terrible! Y tiene mal olor de tan sucio que está.

Tendré que hacer algo con él — anunció. Se aseguró de que podía hacerlo, pidió una palangana y jabón, e improvisó un medio para darme una lavada de cabello.

— ¡Qué hermosa sensación! — exclamé.

— ¡Después sigo yo . . .! — pidió Denise. Lávamelo, por favor Jay . . .

— ¡Y yo . . .! — exclamaron juntas B.J. y Betty. Así que se instituyó la atención semanal a las cinco que compartíamos la pieza — lavado y marcado, y también cepillado. Solo duró hasta que el "reglamento" puso fin a los esfuerzos de Jay.

Ahora que me había crecido el cabello y a veces podía tenerlo peinado, comencé a tomar un poco de interés en mi aspecto exterior. Los efectos laterales de la medicación habían disminuido un tanto, y mi aspecto no era tan grotesco. Sin embargo todavía estaba delgada y por debajo de mi peso, y mis huesos salientes me perforaban la piel causando feas llagas.

Diana White, una amiga del secundario y con quien había compartido actividades en la organización *Young Life*, comenzó a visitarme regularmente. Era una chica creyente de mucha sensibilidad, y con una personalidad optimista y efusiva. Siempre parecía estar alegre y de buen talante. Además de optimista era práctica. No era la suya una actitud superficial y de despreocupada ingenuidad, sino más bien sabía enfrentar las dificultades y el pesimismo con su carácter lleno de fortaleza. Tenía un don innato para ser servicial y enseguida hallaba aceptación entre la gente. Cuando empezaba a hablar, los ojos se le iluminaban junto con su franco rostro, enmarcado por cabello negro. Las esquinas de la boca se le enroscaban en una sonrisa que me hacía sentir mejor y más animada.

Comencé a apreciar sus visitas más y más porque Jackie — ahora sumida en un problema afligente de índole personal — no me venía a ver con tanta frecuencia como antes.

El vacío que se había producido por causa de que los estudios de Dick le impedían venir más a menudo, fue llenado por el estímulo que Diana me proporcionaba y las lecturas de la Biblia que me solía hacer. Las visitas de Jason también comenzaron a esfumarse lentamente de mi vida. Algunos me contaron que Jason estaba saliendo regularmente con una chica a quien había conocido en la Universidad, y que parecía haberlo tomado con seriedad.

Me sentía agradecida de que existieran las sesiones de TF (terapia física), porque esta rutina diaria me ofrecía un elemento adicional con el cual dar un poco de variedad a mi existencia.

Al comienzo, la terapeuta, Barbara Marshall, venía a mi pieza para hacerme ejercitar los miembros paralizados. Al cabo de unas semanas comenzaron a llevarme al centro de terapia física para hacer dos horas de ejercicios diarios. La primera impresión que recibí de esta pieza era de que se parecía a una extraña sala de torturas. Había máquinas y artefactos extraños para estirar y flexionar los brazos, piernas y cuerpos incapacitados. Pero por más extraña que me pareciera la sala, tenía una atmósfera de optimismo para mí; aquí era donde aprendería a caminar, como los otros que yo veía por allí, moviéndose con muletas y bastones.

Joe Leroy, un musculoso asistente terapeuta con una paciencia infinita, fue quien me llevó a la sala de TF y me explicó qué era lo que iba a pasar cuando el terapeuta sometiera mis miembros a toda la escala de movimientos potenciales, para impedir que se atrofiaran.

— Mira — me comentó para alentarme —, todo este ballet que vas a hacer acostada sobre la espalda, tiene un propósito realmente. Joe luego procedió a explicarme cómo iba a beneficiarme si me torcían, doblaban y estiraban las piernas en arcos, círculos, y en todo tipo de ángulos.

— Eso te mantendrá la elasticidad de los músculos —
explicó.

— Pero yo no siento nada. ¿Qué importa si los músculos se endurecen?

— Te traería problemas en la sangre — habría mala
circulación. Además, cuando los músculos se pierden,
todo tu cuerpo se endurece, los brazos y las piernas se
encogen y el cuerpo queda retorcido — me explicaba
Joe, a medida que me mostraba otros pacientes a quienes estaban estirando, empujando y levantando.

Los terapeutas físicos dedicaban veinte minutos diarios, procurando devolverme la elasticidad a los músculos, aun cuando no volvieran a funcionar de nuevo.
Luego comenzaron a ejercitarme para que pudiera dejar la cama especial y pasar a una cama común.

Por último empezaron unos ejercicios agotadores
para lograr que pudiera mantenerme sentada. Me suje-
taban a una tabla inclinada y luego me levantaban la
cabeza y me hacían bajar los pies. A medida que me
elevaban lentamente por encima de la posición horizontal sentía que corría la sangre hacia abajo y me venían
náuseas.

— Esperen. No sigan subiendo. No puedo aguantar
más — les pedía.

Después de casi seis meses de estar en posición horizontal casi no podía soportar ni siquiera unos pocos
segundos con la cabeza elevada.

— ¡Ay, Joe! — sollozaba —. Creí que me desmayaba.
¿Podré llegar a mantenerme sentada alguna vez?

— Por supuesto, Joni. Simplemente, lleva tiempo. Sólo
te hemos elevado unos 45 grados. Probaremos una vez
más por unos minutos. Cuando lo puedas tolerar durante varios minutos, aumentaremos el ángulo de elevación
de la tabla. Vas a poder sentarte en una silla para el día
de Acción de Gracias — me dijo alegremente.

Earl, el otro asistente, asintió y dijo luego:

—Lo que pasa es que tu cuerpo ha estado tan acostumbrado a la posición horizontal que la circulación de la sangre ya se ha adaptado a ella —daba sus explicaciones con gestos amplios y grandes movimientos de brazos—. Cuando elevamos tu cabeza, la sangre baja y te sientes como si fueras a desmayarte. Pero si lo hacemos lenta y gradualmente, tu corazón "recordará" lo que debe hacer y comenzará a cumplir con su función nuevamente. La circulación comenzará a ser más rápida y tendrá fuerza para bombear sangre al cerebro.

Así que cada día practicábamos durante un lapso más prolongado, hasta que al final pude "sentarme" contra la tabla inclinada, sin perder el conocimiento ni sentir náuseas.

Me hicieron un examen para detectar la capacidad muscular y el grado de sensibilidad que aún tenía. Entre los doctores y los terapeutas llegaron a la conclusión de que tenía sensibilidad total en la cabeza, el cuello y los hombros, hasta la altura de las clavículas. También sentía un pequeño cosquilleo en los antebrazos y pecho, lo que me daba la sensación de que estas partes de mi cuerpo estaban dormidas.

Un día, después de haber hecho cierto progreso en TF, vino Diana a darme un poco de aliento. Su optimismo era contagioso. Cada vez que venía de visita me proporcionaba estímulo por medio de la lectura de la Biblia.

—Escucha esto —exclamó—, del capítulo 16 de Juan y los versículos 23 y 24: "En verdad les digo, que el Padre les dará todo lo que pidan en mi nombre. Hasta ahora ustedes no han pedido nada en mi nombre; pidan y recibirán para que se llenen de alegría." ¿No te parece grandioso?

—Sí, realmente lo es. ¡Quizás Dios esté por hacer algo especial por mí! ¿Oíste lo que van a hacer en la iglesia? —le dije.

— ¿En la iglesia? — preguntó Diana —. No, ¿qué harán?

— Nuestra iglesia ha programado un servicio de oración a favor mío durante toda una noche. Van a orar para que me sane y pueda recuperarme — le expliqué.

— ¡Eh . . . qué bueno! "Pedid y recibiréis" — repitió Diana.

Me sentía muy animada porque gracias a la TF había llegado a experimentar un pequeño cosquilleo en los dedos. Aunque todavía estaban insensibles y paralizados, ya percibía una remota sensación en ellos.

Sentía que Dios había comenzado a sanarme.

La noche de oración acudieron allí amigos del secundario, profesores, padres de amigos, y amigos de amigos. Colmaron la iglesia Reformada Episcopal de Bishop Cummings. Aquella noche me dormí con la esperanza de amanecer totalmente curada a la mañana siguiente.

No fue eso lo que ocurrió, naturalmente. Así que argumenté para mis adentros que el Señor estaba probando nuestra fe y que el proceso curativo y la recuperación total vendrían lentamente, y no de una manera repentina y sobrenatural.

Cuando venían a visitarme Diana, Jay, mis padres y los amigos de *Young Life*, trataba de darles la impresión de que todo andaba bien conmigo, y ocultarles mi desilusión y mi impaciencia.

— El Señor me va a curar — les aseguraba —. Sigamos orando y confiando.

— ¡Ay, Joni! — solían decir algunos efusivamente —, tienes un valor admirable. Quisiera tener tu fe.

Yo les sonreía dulcemente mientras para mis adentros le pedía a Dios que se apurara y me sanara.

Cinco

Llegó diciembre y yo todavía estaba débil, delgada y cubierta de llagas. Así y todo mi terapeuta me ejercitó lo suficiente como para poder estar sentada, de modo que pudiera ir por un día a casa. Elegí el día de Navidad y comencé a entusiasmarme con los preparativos. La noche que me anunciaron que podría ir a casa por un día la emoción me impidió dormir. Mientras estaba allí, acostada en la oscuridad de mi pieza, traté de recordar las escenas de la última Navidad, anterior al accidente. Mi caminata en la nieve con Dick. La nochebuena en la Catedral, los muñecos de nieve, la taza de chocolate junto al hogar, los villancicos que cantamos mientras yo acompañaba con la guitarra. ¿Qué sucedería esta próxima Navidad?

¡Por fin llegó el día! Jay ayudó a la enfermera a que me vistiera para el viaje. Me pusieron un traje bonito de color oscuro que había comprado pocas semanas antes del accidente, cuando hicimos un viaje al Oeste con toda la familia; me colgaba como una bolsa. Jay también me trajo una hermosa peluca rubia para usar encima de mi cabello que aún no había crecido lo suficiente como para cortarlo a la moda.

Papá vino a buscarme y esperó en la puerta hasta que Joe y Earl me llevaron hasta el automóvil. Allí le dieron instrucciones a mi familia acerca de cómo debía viajar un cuadripléjico en automóvil.

— Nunca se me ocurrió que viajar en automóvil fuera peligroso — comenté —, a menos, por supuesto, que nos estrellemos.

— No hace falta que estés en un choque para que te hagas daño — me advirtió Joe —. Lo que pasa, sabes, es que una "cuadri" no puede mantenerse sentada por sí misma. Si el auto da un viraje, para súbitamente, o simplemente dobla en una esquina, te arrastrará con el impulso. Sencillamente te "volcarás"; podrías partirte la cabeza contra la puerta o dar con tu cara en el tablero, o en el parabrisas si es que estás sentada en el asiento de adelante. Joe les mostró cómo debían usar el cinturón para sujetarme y también les advirtió que era necesario sostenerme, especialmente en las curvas y al arrancar o en las paradas.

No hubo mayores alternativas en mi viaje a casa, aunque el trayecto me pareció emocionalmente lleno de pequeños placeres. *Es invierno ahora*, pensé. *Ya han pasado dos estaciones completas desde que salí de casa.*

— Bueno, casi hemos llegado — comentó Jay mientras el auto doblaba en el triángulo de intersecciones que me era tan familiar.

Observé la cuadra — la escuela secundaria, la casa de mi maestra de piano, la farmacia — todo estaba igual, tal como lo recordaba. Me inundó una punzada de añoranza.

En pocos, minutos recorrimos la fuerte pendiente de la avenida frente a la casa de mis padres, y arrimamos, el auto por la entrada de atrás, de la casa. Papá y Jay me levantaron cautelosamente del automóvil y me llevaron adentro.

La nostalgia por mi hogar se me hizo muy real en ese momento. Habían adornado la casa para las fiestas y colocado un pino grande y fragante en el comedor, adonde estaría mi cama.

Mamá se las había arreglado para conseguir una cama

de hospital y la había dispuesto en el comedor. Pensé en mi viejo cuarto que quedaba justamente por encima de éste, custodio de tantos de mis pensamientos secretos, ruegos y esperanzas. Naturalmente no podrían haberme cargado por esta angosta y enroscada escalera hasta mi vieja habitación, así que por este día únicamente, decidieron ponerme en el comedor.

Mamá había hecho colocar la enorme mesa del comedor a lo largo de la pared para hacer más espaciosa la habitación. Papá debió haber sabido que habría muchas ocasiones sociales en casa, porque la pieza era enorme, dos o tres veces el tamaño de un comedor normal, algo así como 6 metros y medio por 9, con una mesa grande en la que podían sentarse catorce personas con comodidad.

Un hermoso fuego crepitaba en el hogar de piedra, y las fragantes decoraciones navideñas, las velas y las luces, llenaban la habitación de felicidad. Era casi demasiado para mis sentidos. Los aromas, los sonidos y las cosas que veía me intoxicaban de placer. Durante mi estadía en Greenoaks no sólo había sufrido mi cuerpo sino también mi espíritu, pues mi espíritu había padecido de privación sensorial. La pieza parecía girar a medida que todas estas dulces sensaciones me asaltaban el cerebro en una fiesta de placer.

Sólo pude estar sentada por un rato corto antes de sentirme otra vez cansada, de modo que la cama del hospital resultó útil. Me dejaron mitad sentada y mitad acostada en la cama. Vestida de traje oscuro y con peluca, parecía "casi humana"; pero todavía me sentía muy incómoda con mi aspecto exterior. Especialmente mis piernas. Me parecía que sobresalían hacia afuera, torpe y desagradablemente.

— Por favor, mamá, ¿podrías taparme? — le pedí.

— ¿Tienes frío, querida?

— No, sólo quiero estar tapada. Debo tener un aspecto terrible.

— Vaya, qué ocurrencia. ¡Se te ve hermosa! ¿No es verdad, Jay?

— Por supuesto — contestó mi hermana.

— Pero prefiero estar tapada. Trae esa manta marrón y ponla sobre mis piernas. No quiero que la gente se acerque a mirarlas. ¡Por favor! — insistí.

— Está bien, Joni. Como quieras — suspiró mamá, mientras tendía la manta sobre mis piernas y la sujetaba.

La verdadera razón por la cual quería tener las piernas tapadas no era tanto porque otros se sintieran molestos por la vista de mis miembros incapacitados. Más bien porque representaban un constante recuerdo de cuán diferente era esta Navidad. No soportaba mirarlas.

Dick, junto con otros parientes y amigos, vino ese día a visitarme y el tiempo pasó volando. Al principio me dolía que las horas pasaran tan rápidamente. Luego lo acepté con agradecimiento porque al recordar otras Navidades, me volvía la tristeza y la depresión ante los cambios sucedidos en mi vida.

Ya no podría salir a correr en la nieve o a cantar villancicos para los vecinos. Estos y otros placeres se habían ido para siempre, y todos parecían estar presintiéndolo. No hubo lágrimas, por lo menos visibles, pero el aire de tristeza era casi intolerable.

Hasta no llegar otra vez a mi cama en Greenoaks no me permití a mí misma derramar lágrimas. Pero una vez allí no podía parar. B.J., Betty, Denise y Ann también habían ido a sus hogares por un día de visita para Navidad. Tanto para los que salieron como para los que no tuvieron a dónde ir, la Navidad fue lo mismo: un recordatorio deprimente de tiempos mejores y lugares felices, en los que habíamos estado sanas.

Traté de evaluar los sentimientos que había experimentado durante los acontecimientos de ese día. Había estado contenta y entusiasmada con la idea de ir; pero la experiencia de haber estado nuevamente en relación con mis conocidos y en lugares familiares — pero de una manera diferente y extraña — me había empañado el ánimo.

Cuando pasó la enfermera a verme a la mañana siguiente me dijo, después de examinarme:

—Joni, lo siento, pero ésa tendrá que ser tu última visita a casa por bastante tiempo.

—¿Por qué?

—Porque se te abrieron nuevamente todas las llagas de la espalda y las caderas. Tus huesos se incrustan y lastiman la piel No se van a curar en absoluto hasta que te pongamos por un tiempo en la cama especial — dijo simplemente.

—¿No podré sentarme ni siquiera un poco? — le rogué.

—Lo siento. No puedo dejarte estar sentada porque eso es lo que estira la piel de las llagas y vuelve a abrirlas. Esperemos hasta que se te curen.

Dick venía a verme cuantas veces podía, "haciendo dedo" los 95 kilómetros que significaban ir y volver de la Universidad de Maryland. Me di cuenta que el problema de mi accidente estaba incidiendo en su ánimo. Su estado emocional estaba tan gastado como el mío.

—Dickie — le dije un día —, nos estamos aferrando al pasado. No podemos seguir haciéndolo. No es posible volver a nuestros años de secundaria.

Me miró con tristeza y asintió:

—Pero las cosas irán mejorando Pronto estarás bien . . .

—¡No! — le grité —. ¡No mejorarán! ¿No lo entiendes? ¡Nunca me voy a mejorar! ¿Acaso no lo ves?

Una vez más sentí el deseo de matarme. Aquí estaba de nuevo, apresada en esta "mortaja" de lona. No podía mover más que la cabeza. Físicamente no era mucho más que un cadáver. No había esperanzas de que jamás pudiera caminar. Nunca podría vivir una vida normal y casarme con Dick: *Es más, lo mas probable es que ya esté empezando a alejarse para siempre de mi vida.* No tenía la menor idea de cómo podría encontrar propósito y significado en sólo existir día tras día: despertarme, comer, mirar TV, dormir.

¿Por qué razón debían forzar a una persona a perpetuarse en una existencia monótona y desolada? ¡Cuántas veces deseé que un accidente o un milagro me quitara la vida! La angustia mental y espiritual llegó a ser tan insoportable como una tortura física.

Una vez más, la posibilidad de cometer suicidio me estaba vedada. La frustración que esto me causaba también era insoportable. Me sentía desolada, pero también con rabia ante mi impotencia. ¡Cuánto deseaba tener un poco de fuerza y control suficiente sobre mis dedos para hacer algo, cualquier cosa, *que acabara con mi vida*. Las lágrimas de furia, de miedo y de frustración sólo aumentaban la desolación de mi espíritu.

Además, hubo una complicación que se me sumó a la ya existente debilidad. Las llagas causadas por las protuberancias de mis huesos no se cerraban. Más aún. Los doctores decidieron que la única manera de superar el problema era operándome. Así que el 1 de junio de 1968 me llevaron nuevamente al Hospital urbano, para hacerme una operación en los huesos, después de haber confirmado que mi lesión era permanente. Los médicos no hubieran acortado los huesos de mi cadera y vértebra lumbar si hubiera habido esperanza de recuperar el uso de mis piernas.

El cirujano, el doctor Southfield, me explicó la operación.

—Ya que no tienes sensibilidad, no hará falta el uso de anestesia. Pero si te produce náuseas la vista de la sangre y los tejidos abiertos . . .

—No se aflija — le respondí lacónicamente —. Ya lo he pasado antes. Recuerde que hace casi un año que me

internaron. No me queda mucho para ver. Y además ...
¿qué es lo que no me han hecho ya? Puede "trincharme"
cuando guste, doctor.

Pude escuchar cuando la mano del doctor Southfield
condujo el escalpelo hasta atravesar el tejido de mi
cadera. La sangre saltaba a chorros por detrás de la hoja
a medida que separaba la piel y el tejido del músculo.
Los ayudantes le iban alcanzando los instrumentos a
medida que él los pedía.

En unos minutos comencé a escuchar un extraño
sonido ronco, de raspadura, a medida que cincelaban el
hueso de la cadera, y limaban las angulosas coyunturas
y protuberancias que me estaban causando las llagas.

A pesar de mi pretendido valor, no me gustaban ni
los sonidos ni el espectáculo de una operación. Empecé
a sentir deseos de vomitar, así que me puse a cantar para
quitarme de la mente la operación. Canté en voz alta
por un largo rato, haciendo una recorrida por toda la
colección de cantos deprimentes y pesimistas que conocía.

— ¿No puedes cantar algo diferente, algo más entre-
tenido? — me preguntó el doctor Southfield.

— ¡No! — le contesté en forma cortante, y continué
con el "concierto".

Después de un rato me dieron vuelta y comenzaron
a operar en los huesos terminales de la columna. Afeitó
y limó algunas otras protuberancias óseas. Finalmente
suturaron todas las incisiones. Luego me vendaron, me
hicieron un examen clínico y me enviaron de vuelta a
Greenoaks para seguir con la recuperación.

Cuando cicatrizaron las suturas y se curaron las llagas
poco a poco me hicieron volver a sentar.

— Listo, ¡vamos ...! — ordenó el terapeuta —. Con
cuidado y despacito. Mucho ojo con marearte y perder
el conocimiento .... ¿Estamos? Ya.

— ¡Ya! — repetí como un eco.

— De a poquito . . .

— ¿Qué tal voy, Earl? ¡Ya estoy sentada! ¿Qué me dices?

Earl no contestó nada. Inmediatamente me sacó y me llevó de vuelta a mi cama especial.

— ¡Eh! Earl . . . déjame en la cama — le ordené —. He estado esperando todo este tiempo para poder sentarme de nuevo. ¿Qué pasa? ¿Tienes miedo que me venga un desvanecimiento?

— Lo siento mucho Joni, pero tengo que ponerte en la cama especial. La operación ha fracasado. La espina dorsal ha empujado y abierto las heridas nuevamente. Estás sangrando.

🐸 🐸 🐸

Fue durante las largas semanas que tuve que pasar en la cama especial que finalmente perdí las esperanzas de volver a caminar. Pero concentré cada partícula de mi fuerza de voluntad en ejercitarme en la recuperación de las manos. Con ellas no me vería tan desvalida. No iba a tener que depender de Jay o de Diana para que me lavaran el cabello o me lo cepillaran o para arreglarme la cara. O simplemente para comer. Si tan sólo lograra hacer algo — cualquier cosa — dejaría de sentirme tan inútil.

— Puedes usar la boca para hacer algunas de las cosas que normalmente harías con las manos — me sugirió la terapeuta Chris Brown un día, al enterarse de cómo me sentía. Luego agregó:

— ¿Te has fijado en esas personas que están en terapia ocupacional y que aprenden a escribir y también a usar la máquina de escribir por medio de un lápiz o una varilla que sostienen con la boca? Tú puedes aprender también.

— ¡No! — contesté en el acto —. Es horrible; degradante. No quiero aprender.

Chris no insistió.

— Quizás te decidas otro día — comentó simplemente.

Más tarde vino Jay a verme. Aunque sonrió al saludarme y parecía estar serena, me di cuenta de que había estado llorando de nuevo.

— ¡Hola, hermana! — me dijo.

— Has estado llorando Jay.

Asintió con la cabeza. Nunca quería afligirme con sus propios problemas y generalmente me escondía lo que estaba pasando, pero eventualmente fui enterándome de las dificultades por las que estaba pasando en su matrimonio. Ahora el divorcio ya era un hecho.

Comentó con un tono parejo:

— Se acabó. Y será para bien, Joni. No te aflijas.

— Pero . . .

— De veras. No debes afligirte — Jay cambió de tema —. Mira, te he traído cosas ricas.

Abrió una bolsa de roscas dulces y levantó una.

— Tus favoritas, ¿ves?

Pasamos una hora charlando y hojeando una revista *Seventeen* que había extendido en el piso, debajo de mi artefacto.

Luego, en el momento de irse, me miró con seriedad a los ojos, y dijo:

— Joni, quisiera . . . quisiera que vengas a vivir conmigo y con Kay cuando salgas del hospital.

— Lo pensaré, Jay — le contesté —. Ya hablaremos de eso.

Me besó la mejilla y pasó el dorso de la mano por mi frente. Luego, se fue sonriente.

Sólo después reflexioné acerca de su oferta y de lo que había comentado, y el significado de la visita fue penetrando lentamente en mi conciencia. Me esforcé por no hacer ningún proyecto por anticipado, aunque la idea de vivir con Jay me resultaba reconfortante.

Cuando llegó Dick, un rato más tarde, empujó mi cama especial hasta la sala de juegos y se sentó en el piso, por debajo, para charlar conmigo. Estábamos intentando establecer una relación nueva, la de ser solamente amigos. Aunque no habíamos tratado de hablar concretamente sobre el cambio, habíamos llegado independientemente a la conclusión de que no teníamos futuro inmediato juntos, como marido y mujer. Primero tendría que recuperar el uso de mis manos. Luego tendría que lograr mi rehabilitación, lo que probablemente llevaría mucho tiempo. Así que ninguno de los dos hablaba ya acerca de cosas como el amor o el matrimonio.

Sus visitas consistían mayormente en traerme un estímulo amistoso, o leerme de una traducción moderna del Nuevo Testamento. Allí estaba siempre el mismo mensaje, claro y vigoroso: fe, esperanza, confianza. Pero yo lo descartaba por considerarlo demasiado superficial. Tal vez tenía validez para personas normales, que podían caminar, y que tuvieran que enfrentar la vida, tentaciones, dudas. Pero, ¿qué podía decirme Dios a mí, encasillada e inmóvil en mi cama especial?

Diana me leía del Antiguo Testamento y comencé a sentirme identificada con muchos de los profetas. Como Jeremías, comencé a pensar que Dios en su juicio había hecho caer su ira sobre mí.

Al leer la poesía del libro de Lamentaciones me identificaba totalmente con los padecimientos de los cuales Jeremías había escrito:

Amargamente llora en la noche, y sus lágrimas están en sus mejillas. No tiene quien la consuele de todos sus amantes.

> *¡Oh! Dios, cuán cierto es . . . ¡Y ni siquiera puedo secar mis propias lágrimas!*

Porque Jehová la afligió por la multitud de sus rebeliones.

> *Sí: yo transgredí sus mandamientos morales. Y*
> *ahora el castigo.*

Mirad, y ved si hay dolor como mi dolor que
me ha venido; porque Jehová me ha angus-
tiado en el día de su ardiente furor.

> *Nadie es castigado así. ¿Por qué Dios me ha hecho*
> *esto a mí?*

Desde lo alto me envió fuego que consume
mis huesos.

> *Accidentes de natación . . . , parálisis . . .*

El yugo de mis rebeliones ha sido atado por
su mano.

> *Cólera . . . Debilidad y temor.*

Ha debilitado mis fuerzas; me ha entregado
el Señor en manos contra las cuales no podré
levantarme.

> *En cama durante un año dependiendo completa-*
> *mente en enfermeras y ayudantes del hospital.*

Mis ojos desfallecieron de lágrimas, se con-
movieron mis entrañas, mi hígado se derra-
mó por tierra.

> *¿Cuánto más podré resistir? Ya no puedo más.*

Ciertamente contra mí volvió y revolvió su
mano todo el día.

> *¿Por qué, Dios?*
> *¿Por qué?*
> *¿Por qué?*

Hizo envejecer mi carne y mi piel;
   quebrantó mis huesos.

Las llagas, los puntos, la cirugía de huesos...

Edificó baluartes contra mí, y me rodeó de
amargura y de trabajo.

> *Y todavía ahora estoy rodeada de lonas, de sondas
> y de bolsas urinarias.*

Me dejó en oscuridad, como los ya muertos
de mucho tiempo.

> *Estoy atrapada en este hospital lúgubre sentada
> como un espectro esperando la muerte.*

Me cercó por todos lados, y no puedo salir;
ha hecho más pesadas mi cadenas.

> *Estoy atrapada... en esta cama especial de lona,
> con correas, pinzas...*

Aun cuando clamé y di voces, cerró los oídos
a mi oración.

> *Y a Dios no le importa.*

Mi alma se alejó de la paz, me olvidé del bien.

> *Ni siquiera le interesa.*
> (Lamentaciones 1:2,5,12-14; 2:11; 3:3-8,17)

🐸 🐸 🐸

¿Quién, o qué es Dios? *Ciertamente no es un Ser personal
que se acuerda de los individuos*, me decía. *¿Qué sentido tiene
seguir orando cuando uno ve que las oraciones caen en oídos
sordos?*

Mis dudas empezaron a estar tan profundamente
arraigadas como mi resentimiento. Cuando Diana o
Dick me leían una promesa de la Biblia que se relacio-
naba con tener fe o esperanza, los hacía callar.

— Eso es demasiado cómodo — les decía —. Esos versículos son tan acomodaticios que sólo pueden tener un

sentido superficial. Trata de aplicar esas promesas a mi propio caso. Dime tú cómo el estar aquí durante un año "obra para bien". ¿Qué bien? ¿Dónde? ¿Cuándo? ¡No quiero que me vuelvan a hablar de eso!

Había personas en Greenoaks que contribuían a aumentar mi sentimiento de impotencia y depresión. La señora de Barber, una ayudante del turno de medianoche, vivía, por motivos propios, tan llena de rabia y de amargura como yo. Muchas veces hacía comentarios obscenos o carentes de sensibilidad, destinados a rebajar a aquellos que nos interponíamos a sus deseos. Para la señora Barber nosotros no éramos pacientes en necesidad de cuidado sino obstáculos para su serie de trabajos rutinarios que debía llevar a cabo.

Una noche entró en mi habitación y arrancó con mal humor los cuadros que yo tenía sobre el aparato de aire acondicionado cerca de la cama.

— ¿Cómo demonios creen que puedo prender este aparato de..... con todas esas..... que tiene encima? — gruñó.

Los cuadros habían estado allí por espacio de varias semanas y nunca habían interferido con su funcionamiento.

Alzó la foto de Dick y largó una sarta de groserías, incluyendo alusiones al hecho de que Dick estaría sin duda envuelto en todo tipo de actividades lujuriosas y vulgares. Su perversidad me dio asco y le retruqué mordazmente.

Se acercó hasta mi cama y gruñó:

— Debería dejarte así hasta mañana, sin darte vuelta. Pero para que veas qué persona buena soy yo, te voltearé — y diciendo esto, me dio un giro violento. No había tomado la precaución habitual de fijarse primero si los brazos estaban bien colocados hacia adentro. Uno de ellos había quedado colgando, y al darme la media vuelta, la mano chocó con fuerza contra la cama.

A pesar de que estaba paralizada y no me produjo dolor, la mano comenzó a hincharse y quedó muy lastimada. Me dejó con el brazo lesionado colgando y se fue apurada a hacer otras cosas.

Con el ánimo sacudido, con rabia y con miedo, me puse a sollozar suavemente.

— Yo vi lo que te hizo, Joni — dijo B.J. — Debes acusarla al supervisor.

— Sí. Yo también oí todo. Tienes que delatarla — agregó Denise.

— ¡Pero no puedo informar! Se desquitará haciendo algo peor — comenté, mientras seguía llorando.

Al día siguiente sin embargo, mamá vino a verme y me preguntó por qué tenía el brazo hinchado y lastimado. Aunque quise hacerlo pasar como un percance sin importancia, las chicas le contaron a mamá lo que había sucedido.

Indignada, mamá se fue directamente al supervisor y protestó en términos airados.

Al llegar la medianoche, la señora de Barber se acercó silenciosamente y puso la cara muy cerca de la mía. Con un tono de voz que era a la vez un susurro y una amenaza maligna, me dijo:

— Vuelve a decir algo de mí, mocosa de..... y te lo haré pagar bien caro, ¿me has oído.....?

No hizo su amenaza en vano. Quedé aterrorizada por el temor de que sucedería algo si llegaba a quejarme.

A diferencia de las pocas personas que eran como la señora de Barber, quien nos odiaba, y además detestaba cuidar enfermos, había otras personas que mostraban mucha comprensión hacia nosotras. Pero por lo general no tenían mucho tiempo disponible. Las enfermeras sólo parecían tener tiempo para llenar nuestras fichas con datos relacionados con los remedios que tomábamos o las defecaciones que hacíamos. La mayoría de los asistentes trabajaban horas demás y tenían salarios bajos, y como resultado no les importaba lo que hacían.

Este tipo de episodios no hacía sino aumentar mi depresión.

Muchas de las preguntas que yo me hacía se las estaba haciendo también otro cuadripléjico, Jim Pollard, un muchacho joven de mentalidad despierta. La musculatura del cuello no lograba sostenerle la cabeza de modo que se le caía ligeramente hacia un lado. Pero tanto su voz como su espíritu y su mentalidad, se mantenían vigorosos.

— ¿Qué significado tiene todo, si es que no hay un Dios personal para quien cuente lo que hacemos? — le pregunté un día.

— Ahí está la cosa — me contestó —. Después de haber leído y estudiado de todo, después de haber indagado en la religión, en la filosofía, en tantas cosas ... he llegado a la conclusión de que la vida no tiene ningún significado. Es absurda.

— Entonces para qué esforzarte — le contradije —. ¿Por qué no nos suicidamos? Mejor dicho, ¿por qué no se suicida la raza humana en su totalidad si es que la vida no tiene ningún significado?

— Bueno, porque puede tener significado. Hay algunos que creen en Dios, y eso les da un sentido. Pero cuando las cosas se ven negras, como nosotros ahora, entonces se comprueba lo superficial que es la religión — me dijo con convicción.

— Pero ¿crees tú que la vida puede tener algún significado?

— Para nosotros probablemente no. Pero la gente que puede caminar, por lo menos puede comer, trabajar, hacer el amor, muchas cosas. "La persecución de la felicidad" ... y todo eso. ¿Entiendes?

Asentí con la cabeza.

— Pero aquí ... bueno. Ya es otro cuento. La vida se nos ha reducido a sus elementos mínimos. Yo diría que prácticamente no vale la pena vivir.

— ¿Entonces por qué sigues viviendo?

Jim se encogió de hombros.

— Supongo que no soy suficientemente decidido como para liquidarme. Por otra parte la vida puede llegar a tener sentido si tú misma lo creas.

— ¿Cómo?

— Con tu mente. Tu inteligencia. Lo que a mi me fascina es poder desarrollar mi mente. Mi cuerpo puede irse a la.... Quizás le encuentre significado a la inteligencia.

— Tal vez, pero . . . ¿y los otros? ¿Qué pasa con ellos? Con todos los que andan por allí caminando. Nacen. Viven y mueren con sólo su mera existencia por meta. ¿Para qué se esfuerzan?

— Me has agarrado, Joni — me contestó —. ¿Por qué no lees algunos de mis libros y folletos? Tengo cosas de Sartre, de Marx y de otros pensadores brillantes.

Los leí todos. Y todos me señalaban una dirección que apuntaba más y más lejos de Dios y de toda esperanza; el significado de la vida *era que no había significado*. La vida sin un punto de referencia eterno, sin Dios, desemboca en la desesperación. Esto lo podía entender, pero no hallaba otra cosa en la cual apoyarme para creer. ¿Acaso Dios — si es que existía un Dios — no me había vuelto la espalda?

Jim siguió siendo el consejero de mi agnosticismo.

— ¿No ves, Joni, que no habrá nunca significado en las cosas? Acéptalo. La vida es caprichosa, además de ser temporal. El trabajo, el éxito, los amigos, la familia, todo eso tiene significado como un medio para llegar a un fin. Sólo estamos aquí para vivir el momento, así que si quieres sacarle algo a la vida, tienes que buscarlo aquí. No te hagas la idea de que estás forjando algo para después, para "otra vida".

— Lo que pasa, Jim — lo interrumpí —, es que cuando

estaba en el secundario descubrí que las cosas temporales no me satisfacían. Necesitaba satisfacerme con algo permanente.

— ¿Y qué me cuentas de tu accidente? ¡Seguramente que eso no es temporario! — me recordó —. Me dices que la Biblia sostiene que aun una parálisis puede obrar para bien. ¿Cómo? ¿Qué propósito puede haber en una parálisis?

— No... no lo sé. Eso es lo que hace que dude de Dios. Si él existiera realmente, ¿acaso no me lo hubiera demostrado? ¿No habría encontrado un sentido y un propósito en todo esto?

Jim comentó:

— Lo que pasa es que estás superando tu necesidad de religión y de Dios, Joni. ¿No leíste alguno de los otros libros que te presté?

— Sí. Leí *Siddhartha* y *El proceso*, de Kafka, y *BioEthics* ... y *La búsqueda de sentido*. Los leí a todos. He leído todos los autores existencialistas que me prestaste.

— La verdad es que me dejas estupefacto. Ya deberías haberte dado cuenta a esta altura que la idea de un Dios personal es ridícula.

— Pero todavía no he llegado a eso, Jim. No sé. He leído todo lo que me has prestado. Y la verdad es que tus libros terminan haciendo un análisis muy coherente de tu punto de vista. Pero...

— Pero tienes miedo. Piensas que Dios está allí sentado en el cielo, esperando para darte un "buen susto por haber tenido dudas". Aun si hubiera un Dios ¿qué más puede hacerme de lo que ya me ha hecho? Así es como yo lo veo. Estoy lisiado para toda la vida. Jamás volveré a andar sobre mis piernas. ¿Qué me puede hacer Dios por el hecho de no creer? ¿Mandarme al infierno? ¡Si ya estoy en el infierno! No... No hay Dios, Joni. No hay Dios... — su voz se fue perdiendo en una seminostalgia, como si alguna vez hubiera tenido la esperanza de que existiera un Dios. Ahora, convencido de su desesperanza, Jim ya estaba resignado: no existía Dios.

Yo seguía orando desesperadamente: "Señor, sólo tengo dos opciones. O existes o no existes. Si tú no existes, no veo ninguna razón lógica para seguir viviendo. Y si aquellos que creen, sólo están ejecutando gestos que nada significan, quiero saberlo. ¿Para qué seguir engañándome? La vida es casi siempre un esfuerzo absurdo. Y pareciera que el fin último del hombre es la desesperanza. ¿Qué puedo hacer, Señor? Quisiera creer, pero no hay nada a lo que pueda aferrarme. ¡Dios mío, tienes que demostrarme tu existencia!"

Mi mente era una mezcolanza de pensamientos y reflexiones filosóficas. Las argumentaciones lógicas, racionales e intelectuales que me surgían, eran descartadas con igual rapidez por conceptos opuestos, aparentemente tan válidos como los anteriores. ¿Quién estaba en lo cierto? ¿Qué cosas eran falsas? ¿Dónde estaba la verdad? ¡Qué laberinto de confusión!

Hastiada de tanto pensar, mis párpados se cerraron. Entonces, desde algún lugar, vino una calma que me inundó totalmente. Un pensamiento, o mi memoria, o "un silbo apacible y delicado", le hizo recordar a mi atribulado cerebro: *Guardarás en perfecta paz al alma que se apoya en ti.*

Y me dormí.

Seis

iana había comenzado a venir más a menudo ahora. Venía tan seguido, en efecto, que muchas personas creían que pertenecía al personal. Un día puso a un lado la Biblia de la cual me había estado leyendo y dijo:

—Joni, he decidido ofrecerme como trabajadora voluntaria en este lugar. Así podré cuidarte mejor.

— Pero Diana, ¡cómo vas a dejar de estudiar! — protesté.

— He orado mucho sobre esto, Joni. Creo que es lo que Dios quiere que haga. Sabes, no sé bien lo que Dios ha preparado para mí en el futuro; dejaré de asistir a clase por un semestre y le pediré a Dios que me guíe específicamente en relación a lo que debo hacer.

— Sí, pero . . .

Diana me interrumpió:

— Pero nada. Mientras espero que el Señor me revele su voluntad acerca de esto, seré una trabajadora voluntaria, por lo menos hasta el otoño que viene.

— Diana, aprecio lo que quieres hacer, pero, ¿estás segura de que es lo que corresponde? — le pregunté.

Asintió con la cabeza. Sus ojos brillaban con determinación.

— Sí, ya lo he decidido y tengo el ánimo tranquilo acerca de esto.

Era muy lindo tenerla a Diana cerca como trabajadora voluntaria. Se ocupaba de otros pacientes además de atenderme a mí. Y observaba a las enfermeras y terapeutas para estar en condiciones de ayudar también en otras áreas.

Mientras tanto mi confusión espiritual estaba desembocando en callejones sin salida. Mis intentos de mantenerme abierta a otros modo de pensar, opuestos a la creencia en Dios, no habían hecho sino agregarme perplejidad y frustración. Cuanto más leía, tanto más se mezclaban mis ideas. ¿Es que no había tal cosa como verdad y significado? Todo lo que llegué a leer de Sartre, Hesse, Marx y otros, no me había arrojado ninguna luz.

Parecía que cuanto más abría la mente a estas filosofías que negaban a Dios, tanto más me alejaba de él. Finalmente concluí que había muy poco que aprender y comprender de estos escritos que sólo llevaban a confusión. Después de mi larga búsqueda terminé volviendo otra vez a la Biblia.

Comencé a presentir que Dios era real y que él estaba queriendo hacer algo conmigo.

"Mis pensamientos no son vuestros pensamientos, ni vuestros caminos mis caminos", me recordó Dios por su Palabra. Necesitaba comprender eso, que me sería imposible conocer un propósito y un significado por mí misma sin tomar en cuenta la Deidad de Dios.

— ¿Qué es lo que quieres decir? — me preguntó Diana una vez que estábamos discutiendo este tema.

— Bueno. Lo que pasa es que he estado tratando de que el mundo tenga sentido haciendo que las cosas guarden relación conmigo. Yo quería que mi vida tuviera significado y propósito. Pero la Biblia dice que el propósito para nosotros es glorificar a Dios. Mi vida cobra sentido cuando glorifico a Dios — le expliqué.

— Sí, lo entiendo — comentó Diana —, ¿pero cómo haces para que eso afecte tu vida?

— No estoy segura. Sólo sé que hasta ahora había estado buscando maneras para hacer que el mundo girara alrededor mío. Ahora me he convencido de que tengo que lograr una aproximación diferente.

—Y bien . . . las respuestas a todas nuestras preguntas están en la Biblia —comentó Diana—. Quizás si las buscas allí, encontrarás cuál es la voluntad de Dios para tu vida.

—Sí . . . —le contesté—. Creo que lo que me pone impaciente es que yo no veo la vida como la ve Dios. Un año en esta cama de lona me parece un siglo, pero un año no es mucho tiempo para Dios. Su marco de referencia es la eternidad. Quizás las cosas lleven un poco más de tiempo de lo que yo quisiera.

—¿Y qué piensas hacer entonces, Joni?

—No lo sé. Supongo . . . supongo que tengo que ir enfrentando las cosas una por una. Por lo pronto estoy paralítica y no sé por qué Dios llegó a permitir que eso me sucediera. Quizás no lo sepa nunca. Tal vez lo que debo hacer es no dejarme aplastar por esto.

—Entonces deberías concentrarte en tratar de salir de aquí —me instó Diana.

—Sí . . . claro, supongo que sí. Pero me da miedo Diana. Me da miedo, supongo, porque no sé qué es lo que pasará cuando finalmente tenga que ir a casa.

—Pero justamente ésa es la prueba de tu confianza en Dios, Joni —sonreía, sus ojos mostraban la alegría de haber descubierto una nueva verdad—. No necesitas saber por qué Dios permitió tu accidente. El asunto es que lo sepa él, eso es lo que cuenta. Simplemente debes tener la confianza de que eventualmente él obre para tu bien, aunque no sea ahora mismo.

—¿Qué quieres decir?

—¿Estarías más feliz si supieras por qué Dios permitió que quedaras paralítica? Lo dudo. Así que no te esfuerces en hallar el porqué de lo que pasó —me reconvino.

—Y entonces, ¿qué es lo que piensas que debería hacer?

— Por lo pronto, terapia. Ya sabes que has estado rechazando la terapia ocupacional. Me has dicho: "¿Qué sentido tiene aprender a escribir con un palo en la boca?" Y bien, si Dios es quién conoce el propósito y significado final de las cosas, entonces puede hallar y dar sentido a una existencia paralítica también. Pero no será así si tú te pones a discutirle.

— Pero si estoy haciendo progresos en la terapia física. ¿Para qué tengo que aprender a escribir con la boca? Confío en recuperar el uso de las manos.

— Está bien — dijo Diana con cautela —, pero, ¿qué va a pasar si no recuperas las manos?

No pude contestarle enseguida. En lo que a mí concernía, esa posibilidad no se me presentaba ni siquiera como una opción. Pensé: *Puedo dar un año o más de mi vida por estar aquí paralizada. Hasta puedo sacrificar mis piernas y aceptar un sillón de ruedas. No me quejaré. Pero, Dios, ¡no me impedirás recuperar mis manos y llevar una vida relativamente normal! No me dejarás así para siempre, ¿verdad?*

— Joni . . .

— ¿Sí?

Quizás sea mejor no pensar en el futuro por el momento — me dijo Diana con suavidad, como adivinando mis pensamientos —. Hagamos una cosa por vez, como dijiste.

— Supongo que no me he propuesto seriamente salir de aquí. Después de todo, éste es un instituto de rehabilitación. Debería estar concentrándome en eso, en mi rehabilitación. ¿No te parece?

Al día siguiente le dije a Chris Brown, la terapeuta ocupacional, que quería aprender a hacer cosas usando la boca.

Chris fue tan agradable, placentera, comprensiva y alentadora como Joe y Earl, los dos asistentes de terapia física.

— Mi trabajo — dijo simplemente — es lograr que puedas funcionar estando afuera, en el mundo.

— ¿Nada más que eso, eh? — le dije en broma.

— Bueno . . . El trabajo lo estarás haciendo tú. Así que mi tarea es fácil.

— ¿Qué es lo que me tiene que enseñar?

— Y bien, ¿qué te parece si aprendes primero a escribir?

— Está bien, ¿qué es lo que tengo que hacer, Chris? — le pregunté.

— Tienes que sostener este lápiz con la boca. Sujétalo entre los dientes, así — me mostró Chris. Colocó un lápiz en su propia boca para demostrar cómo hacerlo y me colocó uno a mi en la mía.

— Listo. Muy bien. ¿Ves? Es fácil. ¿A ver? No tan fuerte. No aprietes así los dientes o te va a venir un calambre de escritor en la mandíbula — me dijo bromeando —. Simplemente tienes que sostenerlo con firmeza para que no se caiga, y lo suficientemente fuerte como para controlarlo. ¿Ves?

— Mm-mff — mascullé, dándole a entender que había comprendido.

Chris me enseñó a hacer líneas, círculos y otros trazos. Al principio eran garabatos trémulos. Pero después de muchas horas de práctica, comencé a tener más control.

Por último pude llegar a hacer letras. Con determinación y concentrándome mucho, pude escribirle una carta a mamá y papá. Era breve y las letras todavía me salían grandes, torpes como garabatos. ¡Pero había podido escribir!

La sensación de haber logrado algo influyó en mí para darme una actitud más optimista, y comencé a disfrutar de la terapia. Esto se reforzó con el estímulo que me daba el personal y los otros pacientes, que festejaban cada pequeño tramo de progreso que yo hacia.

En septiembre me llevaron al Hospital Kernan para

una segunda operación de la columna. Yo no tenía deseos de ir pero los huesos de la espina dorsal estaban tan protuberantes que impedían que se curaran y cicatrizaran las llagas de la espalda y posaderas. Este hospital estaba a sólo un kilómetro de nuestra casa de Woodlawn, y me resultó difícil contener los sentimientos que me provocaba estar tan cerca de casa y al mismo tiempo no poder volver allí.

Esta vez la operación fue un éxito por el que di gracias a Dios. Sin embargo, me quedaban quince días de estar boca abajo en la cama de lona. Durante esta etapa de mi convalecencia tuve un ataque de gripe. También pude dedicarme a leer bastante. Como para equilibrar todos los libros pesimistas, agnósticos y ateos que había leído anteriormente, me volví nuevamente a la Biblia y a las lecturas cristianas que pudieran ayudarme.

Mamá me sostenía pacientemente el libro por horas, para que yo pudiera leer. Leer el *Cristianismo Básico* de C. S. Lewis, fue un cambio refrescante después de todo lo que había venido leyendo. Me ayudó enormemente a tener una nueva visión espiritual.

El 15 de octubre, el día de mi cumpleaños, recibí el regalo más apreciado y esperado de todos: que me dieran vuelta boca arriba. Fue un momento memorable. Diana, mamá, papá, Jay, y Dick, vinieron a visitarme. Aunque había habido una transición, la de luego de haber sido novios, tratarnos sólo como amigos íntimos, Dick seguía siendo tan fiel como siempre en venir a verme.

Las cosas comenzaron a ponerse más alentadoras para mí en Greenoaks. Gracias al éxito de la operación iba a poder usar eventualmente una silla de ruedas, y las distintas formas de la terapia comenzaron a resultarme más fáciles.

Me daba mucho aliento ver que había pacientes que ya podían irse de Greenoaks. Algunos de mis amigos parapléjicos habían logrado la rehabilitación y quedaban libres para ir a sus hogares y abrirse camino en el mundo. Esto me parecía fascinante; tanto, que decidí acometer el logro de mi propia rehabilitación con una fuerza y determinación renovadas.

Chris Brown tenía mucho interés de aprovechar mi nueva energía y entusiasmo.

— ¿Por qué no empiezas a hacer algo artístico ahora, ya que has aprendido a escribir suficientemente bien con la boca?

— ¿Artístico? — pregunté.

— Sí. Me has mostrado los dibujos que hacías antes. Te gustan las actividades creativas. ¿Qué te parece si pintas discos de cerámica? Sirven para hacer regalos muy lindos — explicó.

Observé cómo otra paciente con cuadriplejía sostenía pinceles en la boca y derramaba pintura sobre uno de los discos de arcilla. Me pareció una actividad sin sentido, como un juego de jardín de infantes.

— No sé . . . — respondí con lentitud.

— Vamos . . . tienes que probar — insistió Chris —. Bueno.

Intenté pintar, dejando caer gotas de color y salpicando torpes diseños sobre los discos de arcilla, pero me resultaba desalentador y frustrante. Al comienzo detestaba cada minuto que le dedicaba a pintar. Pero cuando los discos salieron del horno, tenían un aspecto más aceptable. Y a medida que practicaba — al igual que con la escritura — fui superándome.

Al cabo de algunas semanas había logrado hacer varios regalos de Navidad para mi familia y mis amigos. No sabía qué impresión recibirían de mis platitos para nueces y caramelos, pero me pareció que — considerando las cosas — no estaban tan mal. Me daba mucha satisfacción saber que los había hecho yo.

Un día Chris me trajo un poco de arcilla húmeda.

— ¿Para qué es esto? — pregunté.

— Quiero que dibujes una figura en la arcilla.

— ¿Cómo? ¿Con un lápiz en la boca?

— No. Prueba con este punzón.

— ¿Qué debo hacer? ¿Escribir algo?

— ¿Por qué no intentas expresarte libremente? Dibuja algo que te guste — sugirió.

Calculé cuidadosamente la distancia de la boca a la arcilla blanda, probé la consistencia con la punta del punzón y luego intenté tallar una figura.

— La última vez que intenté dibujar — le dije a Chris —, fue en nuestro viaje al oeste, poco antes de mi accidente. Papá siempre me estimuló a dibujar cuando era chica. El es un autodidacto.

Recordé que una de las cosas que más disfrutaba era hacer bosquejos de paisajes, con carbonilla. Había llenado una carpeta con dibujos de montañas, caballos, gente y animales en el viaje al oeste.

Recordaba los paisajes todavía, y me esforcé para recuperar el proceso inconsciente del trazado, la forma en que la imagen mental se transmite a las manos para que transfieran los paisajes al papel. Eran las manos las que guardaban el secreto de mis posibilidades artísticas. O tal vez no.

Miré el bosquejo que acababa de trazar. Eran unas líneas que dibujaban a un jinete a caballo, grabado sobre la arcilla. No era terriblemente creativo ni impactante, pero era un comienzo.

Chris pareció asombrarse ante mi primer intento.

— ¡Joni! . . . magnífico. Tienes verdadero talento — comentó con una sonrisa —. Deberías haber hecho esto mucho antes. Tienes que volver a tu arte.

— Pero eso era cuando tenía el uso de las manos — observé.

Movió la cabeza negativamente.

— No interesa. Las manos son herramientas. Eso es

todo. El talento, la habilidad, están en el cerebro. Una vez que practiques podrás lograr hacer con la boca lo mismo que hacías con las manos antes.

— Eh . . . ¿de verdad? — le pregunté.

— Sí. ¿Quieres probar?

— ¡Bueno! Lo intentaremos.

Fue un día que me llenó de una enorme satisfacción. Por primera vez en casi un año y medio, pude expresarme en forma creativa, productiva. Fue algo emocionante y me colmó de esperanzas renovadas.

Mi temperatura espiritual también estaba subiendo. Antes, la rabia y la confusión se habían transformado en resentimiento. Sólo pensaba: *¿Cómo un Dios amante – si existe – puede permitir esta situación desesperante?* Como mi búsqueda en otros campos no me había dado una respuesta razonable, al volver a la Biblia mucha de mi amargura ya se había atemperado.

Sentía cólera de que mi vida se hubiera reducido a las cosas básicas: comer, respirar, dormir . . . día tras día. Pero lo que había descubierto era que toda la raza humana estaba en la misma rutina. Sus vidas giraban alrededor del mismo ciclo carente de sentido. La diferencia era que en ellos este hecho no se hacía tan obvio. Las cosas periféricas los distraían del hecho de que también ellos estaban atrapados por la misma rutina. Sus trabajos, sus estudios, sus familias, sus distracciones, los ocupaban lo suficientemente como para no tomar conciencia de que sus vidas eran lo mismo que la mía: comer, respirar, dormir.

Poco a poco comencé a advertir el interés de Dios en mi vida. Me sentía como un "conejillo de Indias": un representante de la raza humana en quien había que poner a prueba la verdad. Todas las distracciones, adornos, y otras cosas, habían sido quitados. Dios los había sacado y me había dejado aquí, sin nada que me distrajera. Mi vida estaba reducida a lo mas absolutamente eıemental. *¿Y por qué? ¿Qué es lo que voy a hacer de mi vida?*, me preguntaba. *No tengo cuerpo, pero todavía sigo siendo alguien.* Necesitaba encontrar significado, propósito y orientación, no simplemente una medida de satisfacción temporaria.

Hasta las sábanas limpias y esterilizadas en la austera sala, eran un símbolo. Comer, respirar, dormir. Comer, respirar, dormir. *¿Con qué propósito? ¿Cómo es posible glorificar a Dios así? ¿Qué puedo hacer?*

Sí. Es necesario que exista un Dios personal, razonaba. Puede que no desee revelarse a mí en forma muy espectacular; al fin de cuentas, ¿por qué habría de hacerlo? ¿Por qué habría de ser yo una persona más importante que cualquier otra, para quien la búsqueda de Dios y significado es un acto de fe, no de visión? ¿Por qué habría yo de ser diferente?

Le conté a Diana acerca de lo que estaba pensando.

— Todavía no tengo nada claro, Diana. No sé lo que Dios está haciendo, pero creo que él es real y que de alguna forma sabe y comprende. Hay un lado positivo en mis reflexiones. Todavía me siento confundida, pero antes, mi confusión se inclinaba hacia la duda; ahora me lleva a confiar.

— Quizás esto tenga algo que ver con la oración que hiciste poco antes de tu accidente — sugirió Diana.

— ¿Qué oración?

— ¿No te acuerdas? Me dijiste que poco antes de tu accidente hiciste una oración pidiendo al Señor que hiciera algo para que cambiara tu vida. Tal vez ésta sea la forma en que Dios esté contestando tu oración.

— He pensando muchas veces en eso. Si, quizás sea así. Pero no es por cierto lo que yo hubiera esperado. ¡Y la verdad es que Dios parece tener su propio calendario! No sé cuáles son sus propósitos en todo esto. Es probable que no pueda volver a caminar. Y no veo cómo podré jamás ser feliz de nuevo. Supongo que es eso lo

111

que realmente me molesta.

— ¿No ser feliz?

— Sí . . . Si hay una cosa que aprendí de los autores existencialistas es que "el hombre no puede vivir en la desesperación". ¿Crees que alguna vez podré ser feliz, Diana?

— No lo sé, Joni, no lo sé.

Tomé mis estudios de la Biblia con verdadero interés, junto con lecturas de autores cristianos. Los escritos de Francis Schaeffer y C. S. Lewis, me parecían como un soplo de aire fresco comparados con Marx, Hesse y los libros seculares que había leído. Comencé a experimentar un sentido de apreciación por la Palabra de Dios, y por su directa aplicabilidad en mi vida. Por primera vez comencé a hallarle a la Biblia un significado para mí. Mis propios "juicios de fuego" comenzaron a ser más llevaderos, a medida que veía cuál era mi lugar en los planes de Dios, especialmente después de leer los Salmos. "Jehová lo sustentará (a mí) sobre el lecho del dolor (el mío)" (Salmo 41:3).

Las tensiones se me hacían mas difíciles durante la noche. Quizás la terapia había marchado mal. O no había venido nadie de visita. O tal vea la señora de Barber se estaba mostrando odiosa nuevamente conmigo. Cualquiera fuera la causa, sentía deseos de llorar y me sentía tanto más frustrada porque no podía llorar, pues no había nadie para sacarme las lágrimas y sonarme la nariz. La Palabra de Dios me reconfortaba, y yo aplicaba su realidad y su verdad a mis propias necesidades especiales. Durante estas difíciles horas de la noche, me imaginaba a Jesús parado al lado de mi cama de lona. Lo visualizaba como una persona fuerte y consoladora, con una voz profunda y reconfortante, diciéndome a mí específicamente: "Estoy contigo siempre. Si te amé suficientemente como para morir por ti, ¿no te parece que sé cuál es la mejor manera de guiar tu vida, aunque esto signifique que quedes paralítica?" Lo real de la Escritura era que él estaba ahora conmigo. Al lado mío, en mi propia pieza. Ese era todo el consuelo que necesitaba.

Descubrí que el Señor Jesús bien podía simpatizar con mi situación. En esas horas terribles y agónicas sobre la cruz, esperando la muerte, quedó inmovilizado, desamparado, paralizado.

Jesús supo muy bien lo que era no poder moverse, no poder rascarse la nariz, acomodar el cuerpo, secarse los ojos. *Estuvo paralizado sobre la cruz.* No podía mover ni brazos ni piernas. ¡Cristo sabía exactamente cómo me sentía yo! "Por tanto, teniendo un gran sumo sacerdote que traspasó los cielos, Jesús el Hijo de Dios, retengamos nuestra profesión. Porque no tenemos un sumo sacerdote que no pueda compadecerse de nuestras debilidades, sino uno que fue tentado en todo, según nuestra semejanza, pero sin pecado" (Hebreos 4:14, 15).

Antes de mi accidente yo no había "necesitado" a Cristo. Ahora lo necesitaba desesperadamente. Cuando podía andar, nunca me pareció importante que él fuera parte de mis decisiones: a qué fiesta ir, si debía ir a visitar a un amigo o ir a un partido de fútbol, etc. No me parecía posible que pudiera interesarse por cosas tan insignificantes. Pero ahora que mi vida se había reducido a una rutina elemental y básica, él formaba parte de ella, porque me amaba. En realidad, él era lo único real en que podía confiar.

Estos nuevos y reconfortantes conceptos tuvieron un efecto tranquilizador en mi ánimo, y creo que hasta llegaron a ser de ayuda al compartirlos con Jay, cuando ella tuvo su etapa de problemas personales.

En cuanto a mis dibujos, que todavía se limitaban a ser un estilo muy autoexpresivo y de una técnica sencilla, constituían una terapia más efectiva de lo que yo había imaginado. Como símbolo de mi nuevo estado de ánimo comencé a firmarlos con las iniciales PTL,* manifestando mi convicción de que Dios tenía cuidado de mi. Era una expresión completamente sencilla, que sólo pretendía darle reconocimiento por la ayuda que había recibido de su parte en la restauración de este aspecto de mi personalidad.

Por esta época también comencé a interesarme y ocuparme un poco más de mi cuidado personal. Había llegado a eludir los espejos completamente. Ahora, Jay y Diana me ayudaban a peinarme el cabello, arreglarme la cara, buscar ropa atractiva, y descubrir maneras para mejorar mi aspecto general.

En terapia ya estaba en condiciones de probar nuevamente a sentarme. Cuando me colocaban en esa posición, sentada al borde de mi nueva cama, y con las piernas colgando del borde de la misma, me molestaban el mareo y la nausea nuevamente. Fue un proceso lento pero al fin pude estar prácticamente vertical. Usaba la tabla inclinada para acostumbrarme a la posición vertical nuevamente, para que los músculos, por tanto tiempo sin movimiento, volvieran a acostumbrarse a sostenerme la cabeza. Una vez que el oído interno y los músculos del cuello se readaptaron a la posición vertical, se me permitió sentarme en una silla de ruedas. Me envolvían las piernas en bandas elásticas para evitar problemas de circulación provocados por la acumulación de la sangre en las arterias de las piernas y los muslos. Además me colocaron un corsé ajustado, para sostenerme el torso, por la parte de arriba, lo cual me permitía sentarme y respirar con comodidad.

Me entusiasmaba mi propio progreso y aguardaba con entusiasmo la llegada de las vacaciones de Navidad.

---

*PTL, son las iniciales de "Praise The Lord", o "Alabado sea el Señor" en español.

114

La Navidad de 1968. ¡Todo un año había pasado desde que fui por primera vez a casa! Pero esta vez me dijeron que podía quedarme varios días.

Poco antes de la Navidad, mamá y papá me trajeron noticias interesantes.

—Joni, hemos oído de un hospital en California —dijo papá—. Se llama *Rancho Los Amigos*, y queda en Los Angeles. Parece que están haciendo avances notables en materia de terapia.

—Tienen un enfoque muy moderno de la rehabilitación —agregó mamá—. Han logrado enseñar a los pacientes a recuperar el uso de las piernas y los brazos. Hasta los llamados "casos imposibles".

—¡Eh! —exclamé entusiasmada—. ¡Sí, vayamos! ¿Te parece que será posible?

—Eso es lo que estamos averiguando ahora. Esperamos noticias en cualquier momento. Parecería ser una posibilidad interesante —comentó papá—. Nosotros no podemos trasladarnos allí, pero hemos hablado con Jay, y ella está dispuesta a ir. Tomará un avión y alquilará un departamento cerca, para estar contigo.

—¡Suena maravilloso! —grité de alegría—. Oremos para que Dios lo haga posible. ¡Bien! . . . ¿No sería un grandioso regalo de Navidad?

Pasamos una Navidad llena de regocijo y entusiasmo. Estaba lo suficientemente fuerte como para quedarme varios días en casa, y me hizo bien estar rodeada de un ambiente normal otra vez. Cuando Dick me invitó a ir con él al cine, me pareció realmente maravilloso.

Pero por más que me esforzaba en ser una persona normal, me era imposible. Dick me puso el brazo alrededor del cuerpo y yo ni siquiera lo noté; me apretó afectuosamente, amorosamente . . . pero yo no sentí absolutamente nada. Seguí observando la película.

—¿No sientes esto?

—¿Qué? —me apretó de nuevo.

— No — contesté suavemente, turbada —. Lo siento . . .

Hubiera querido realmente poder sentir su brazo, su contacto.

Al volver a casa Dick tuvo que frenar el auto sorpresivamente y yo volé hacia adelante y me golpeé la frente contra el tablero. No pude evitarlo. Ni siquiera me pude levantar nuevamente. No me había golpeado, pero mi orgullo y mi ego estaban lesionados.

Dick se insultó por lo sucedido.

— ¿Cómo no me acordé que debía sostenerte? — siguió reprochándose.

— Dick, por favor, no te eches la culpa. No es fácil acostumbrarse a estas cosas. Además, no me lastimé. No dejes que una cosa así arruine la noche.

Continuamos el resto del viaje sin incidentes. Cuando Dick me ayudó y entramos a casa, le dije:

— Dickie, gracias. No te imaginas cómo disfruté. Fue . . . fue casi como las cosas divertidas que solíamos hacer juntos antes. Es la primera vez que he podido hacer algo normal en el lapso de un año y medio. Gracias, Dickie.

— Fue un rato muy agradable — contestó simplemente, mientras se inclinaba y me daba un beso en la frente —. Me alegro que lo hayas disfrutado. — Sus ojos expresivos sonreían al mirarse en los míos.

Lo disfrutamos. Pero no era realmente como en "los viejos tiempos". Los dos todavía nos sentíamos incómodos con el manejo de la silla de ruedas, y pensé: *¿Alguna vez serán las cosas otra vez como antes?*

Me prometí hacer todo lo posible para lograr que eso sucediera, por lo menos en cuanto a mi propia actitud hacia las cosas. ¡Qué contraste con la Navidad pasada! Un año atrás había pasado sólo un día en casa y lo había vivido tan avergonzada de mi aspecto y de mi incapacidad que me había mantenido retraída en un rincón, las piernas tapadas por la vieja colcha marrón.

116

Este año estaba con medias de nylon, un pulóver anaranjado vivo y una moderna falda corta de corduroy haciendo juego. Aunque todavía tenía el pelo corto, lo tenía peinado de un modo natural. Me sentía mujer otra vez, y no solamente un cuerpo metido dentro de un pijama.

Esta vez sentí deseos de no tener que volver nuevamente a Greenoaks.

— No tendrás que volver, Joni — dijo papá.

— ¿Qué?

— No tendrás que volver a Greenoaks. Acabamos de recibir noticias de California. El Rancho Los Amigos tiene lugar para ti. Saldremos la semana que viene, después de Año Nuevo.

Me puse a llorar.

— Papá . . . me siento tan feliz. El Señor es real. El sí contesta nuestras oraciones.

Mamá y yo iremos contigo en avión, y Jay viajará en auto para recibirnos allí al llegar.

— No puedo creerlo.

El Rancho Los Amigos. Allí es donde recuperaré el uso de las manos, pensé.

Siete

El vuelo a California fue una experiencia memorable Después de todo era la primera vez que viajaba en avión. Y volaba hacia la *esperanza*. Pronto recuperaría el uso de las manos; Dick y yo podríamos reiniciar nuestra relación y casarnos. Al final me parecía estar viendo lo que me parecía "el plan de Dios para mi bien".

Cuando llegamos a Los Angeles — a unos 4800 kiló metros de distancia de las frías y congeladas calles de Baltimore — nos encontramos con un clima fragante y soleado. Supe de inmediato que me gustaría la estadía allí.

Al recordar la desilusión que había experimentado al llegar a Greenoaks, me hice el propósito de no hacerme ningún cuadro mental del *Rancho Los Amigos*. Para mi grata sorpresa, el lugar era hermoso y estaba muy bien equipado. Muchos de los ayudantes y miembros del personal eran estudiantes universitarios que trabajaban allí para costear sus estudios. Había varias chicas y me gustó encontrar gente de mi propia edad y trasfondo cultural, con la cual relacionarme.

Me impresionó el orden y las actividades controladas de este lugar. En Greenoaks, el personal siempre estaba en actividad, pero era el tipo de actividad caótica de gente con demasiado trabajo entre manos. Aquí no había movimiento que se desaprovechara. Aunque todo el mundo tenía bastante que hacer, todo estaba destinado a beneficiar al paciente y nada se hacía a costa de él. Estoy segura que esto se debía a que El Rancho era un lugar bien equipado de personal y que éste era también bien remunerado.

Mamá y papá se quedaron el tiempo suficiente como para verme cómodamente instalada. Luego regresaron a Baltimore, después de dejar a Jay con su hijita Kay en un departamento alquilado cerca del Rancho Los Amigos.

Una noche, algo así como una semana después, escuché un barullo en el hall. Me esforcé para escuchar el sonido de las voces . . . ¡No cabía duda, eran ellos! En seguida entraron invadiendo mi habitación, Diana, Dick y Jackie.

— ¡Ta-ta-ta . . .! — entró Diana cantando y haciendo grandes reverencias graciosas.

— ¡No puedo creerlo! — grité de alegría.

— Te extrañábamos — dijo Dick sonriendo.

— ¿Te alegra vernos? — preguntó Jackie.

— Pero . . . ¿cómo hicieron para venir?

— Vinimos en auto todo el trayecto.

— Sin parar — agregó Dickie —. Por eso estamos tan desarreglados.

— Si. Vinimos directamente al Hospital. Le pusimos gasolina al automóvil en Nevada, y desde entonces no hicimos ninguna parada, queríamos llegar aquí esta misma noche, antes que se acabara la hora de visita.

— ¡Me parece que hemos hecho los últimos cincuenta kilómetros con gases de gasolina! — se rió Dick.

— ¡Ustedes son el colmo! — les dije.

Fue una reunión exuberante y fuera de lo común, y quebramos más de una de las disposiciones del reglamento aquella noche. Mientras compartían los detalles del viaje conmigo, todos hablaban entusiasmados y algunas veces tirándose sobre mi cama, otras enfatizando lo que me contaban con gestos exagerados y carcajadas contagiosas.

Jay y Kay llegaron antes de que se fueran, de modo que mi hermana los invitó a que llevaran sus bolsas de dormir y acamparan en su departamento mientras durara la estadía.

El tratamiento de terapia comenzó casi de inmediato y consistía en lograr hacerme lo más independiente posible. Me colocaron cabestrillos en los antebrazos y me mostraron cómo usar los músculos de los hombros y la espalda para lograr que me respondieran los brazos. Descubrí que tirando ciertos músculos, podía elevar y bajar los brazos hasta cierta altura, pero no lograba mover los dedos ni doblar la muñeca, por lo cual se limitaba el uso de los brazos, así como también mi control sobre aquellos movimientos. No podía levantar ni sujetar ni siquiera el más insignificante utensilio u objeto.

Sin embargo, aprendí a alimentarme sola. Tenía una cuchara doblada en ángulo de 45 grados que iba sujeta al cabestrillo. Moviendo el brazo lograba introducirla en un plato, recoger algo y levantarla nuevamente hasta la boca. Este movimiento natural, sencillo y casi inconsciente durante 17 años de mi vida, se había vuelto torpe y difícil, y requería el máximo de concentración. Haciendo subir y bajar la cuchara dentro del recipiente con comida, podía alimentarme sola. El movimiento se parecía a una de esas palas mecánicas, y muchas veces era más lo que volcaba que lo que lograba meterme a la boca. Pero era una experiencia emocionante; después de un año y medio había logrado comer por mi misma.

Poco a poco mis movimientos se hicieron más naturales, y pude manejar un tenedor, doblado de la misma manera, con bastante éxito. No era gran cosa ponerse un bocado de puré en la boca, pero la sensación de haber logrado esa meta, me resultaba sumamente emocionante.

El doctor que seguía mi caso en El Rancho era un joven y destacado especialista, cuyos métodos eran modernos y quizás un poco fuera de lo común.

— Gracias por no haber echado a mis amigos cuando invadieron este lugar el otro día — le dije.

— No quiero que nadie corra a tus amigos de aquí — respondió —. La verdad es que prefiero que vengan tanto como les sea posible.

— ¿De veras?

— Sí. Quiero que te observen en el proceso de rehabilitación, para aprender lo más posible acerca de ti, y de tu incapacidad física.

— ¿Quiere usted decir que desea que me observen haciendo terapia física y terapia ocupacional?

— Todo eso. Lo que pasa, Joni, es que quiero que tus amigos y tu familia conozcan tu forma de proceder, tus necesidades y tus problemas tanto como los conocemos nosotros.

— ¿Por qué, doctor?

— Para que aprendas a depender cada vez menos del cuidado hospitalario — respondió.

— ¿Usted quiere que ellos aprendan a cuidarme?

— Así es. Y quiero que te propongas una meta realista en relación al momento en que dejes este lugar para ir a tu casa definitivamente.

— ¿A c-as-sa? — tartamudeé.

— Pienso que puedes hacer planes para irte de aquí el 15 de abril — me anunció.

— ¡El 15 de abril! Pero eso es sólo tres meses a partir de ahora. ¿Estaré lista?

— Eso depende de ti. ¿Estás dispuesta a trabajar para lograrlo?

— ¡Claro . . ., si lo estaré!

Me parecía increíble. No estaba acostumbrada a encarar mi rehabilitación de esta manera. En Greenoaks nunca sabía lo que estaba sucediendo, si es que sucedía

121

algo. Me obligaban a ser pesimista en mis expectativas, así que nunca hacía planes para nada. Pero ahora me proponían algo hacia lo cual mirar con anticipación, y eso en sólo tres meses. Mi cabeza empezó a navegar en proyectos y sueños acerca de mi regreso a casa.

Nos hicimos amigas con Judy, una estudiante universitaria cristiana que trabajaba en El Rancho, como asistente. Su madurez espiritual parecía mucho mayor que la mía, de modo que solía hablar con ella del Señor, esperando que algo de su fe se me pegara. Judy asistía a una escuela bíblica de la zona y le encantaba compartir conmigo sus recientes conocimientos de las verdades Escriturales. Sentía que progresaba en todas las áreas de mi vida.

Judy vino una mañana temprano, empujando una silla de ruedas y me anunció:

— Ya tienes suficiente tiempo de ejercitación como para poder usar esta silla de ruedas.

— ¿De veras? ¿Crees que la puedo hacer funcionar? ¿Cómo tengo que hacer?

— ¿Ves estos ocho botones de goma al costado de la rueda?

Asentí.

— Bien. Deja caer los brazos por el costado de la rueda y coloca las manos contra estos botones. ¿Ves?

— Sí. Pero después, ¿qué pasa?

— Recuerda — me contestó —, que hemos estado ejercitando los músculos de tu espalda. Si "tiras" los músculos de los hombros y los de los bíceps harás que los brazos se muevan contra los botones de goma. Te resultara lerdo y tedioso hasta que puedas hallarle la vuelta.

— Muy bien. ¿Cuándo empezamos?

— Ahora. A ver si manejas hasta TF — dijo Judy.

— Pero no me toca terapia física hasta las nueve. Recién son las siete — le recordé.

Judy sólo se sonrió y dijo:

— ¿Lista?

Por cierto que éste es un trabajo lerdo y tedioso, pensé. Estaba sujetada a la silla con correas para evitar que me cayera al suelo, y por cierto que me hacía falta. Probé todos los ejercicios que pude recordar, en los que los músculos de las espalda y de los hombros sustituyeron los movimientos de los brazos. Y me llevó las dos horas enteras convencer a la silla de ruedas que recorriera los escasos 30 metros desde el corredor hasta llegar al área de terapia física. Cuando llegué, estaba tan exhausta y sin aliento que no tenía fuerzas para hacer los ejercicios.

Judy, sin embargo, había estado allí observando mi progreso y se sonrió ampliamente satisfecha al ver mis esfuerzos.

— ¡Hermoso! — dijo entusiasmada.

— ¿De veras? ¿Tardan tanto los otros en hacer este tramo?

— La primera vez sí — respondió —. Y muchos de ellos simplemente abandonan, y otros se caen de la silla.

Me sentí orgullosa y llena de regocijo por lo que había logrado hacer; era la primera vez en un año y medio que había podido desplazarme por mis propios medios.

Con algo de práctica logré mejorar mi habilidad y rapidez en el uso de la silla de ruedas. Hubo unas pequeñas contrariedades sin embargo. Algunas veces daba un viraje y terminaba contra la pared, donde pasaba media hora o cuarenta minutos esperando que alguien viniera a rescatarme. Finalmente me dieron una silla de ruedas con control eléctrico para usar. ¡Qué sensación de libertad y de aventura que me daba eso! La silla funcionaba bajo el control eléctrico de una caja que yo operaba con mi cabestrillo, y terminé acostumbrándome tanto, que prácticamente vivía sobre la silla.

La comunidad californiana cercana al hospital había hecho construir sus veredas de modo que facilitaran el tránsito de sillas de ruedas. Hasta las curvas están ligeramente inclinadas para hacer la circulación más fácil. Me daba una sensación de independencia y satisfacción personal poder ir hasta un negocio cercano a pedido de otros pacientes menos capacitados para moverse de un lado a otro. Sin embargo todavía me resultaba humillante notar que la gente de la calle me observara e hiciera comentarios. También me sentía disminuida cuando, después de "manejar" todo el trayecto hasta el negocio, me quedaba allí frustrada por mi incapacidad de sacar el dinero para pagar lo que había comprado. Como el empleado estaba acostumbrado a atender lisiados, manejaba la situación fácilmente y con buen humor. Colocaba el pedido bien asegurado sobre mi falda, sacaba el dinero necesario de mi monedero y luego me hacía bromas sobre inscribirme en la carrera de velocidad de *Ontario Raceway 500*.

No entré en la competencia de autos de Ontario, pero sí jugué carreras. Rick, otro cuadripléjico y yo, teníamos una silla de ruedas eléctrica cada uno, y también la misma formación deportiva, de modo que inevitablemente comenzamos a competir.

—A que hago andar mi silla más ligero que tú — me pavoneé un día.

—¿Ah, sí? Eso es lo que piensas. ¿Quieres correr?

Se oyó un chirrido de ruedas al iniciar la carrera a lo largo de 45 metros de corredor. Empatamos.

—Tenemos que ir más lejos para obtener mejor velocidad — me dijo Rick, con una sonrisa de satisfacción —. Corramos desde la esquina del edificio hasta el corredor que da la vuelta y termina en la puerta de entrada. ¿Lista?

—Lista — le contesté.

Judy y otra asistente pretendieron no advertir nuestro gran jolgorio y se fueron caminando en otra dirección.

—¡A sus marcas . . .! — le grité a Rick —. ¡Listo . . .! ¡Ya!

Salimos a la par, haciendo un viraje ruidoso y de locura, en la punta del hall.

— No me cierres, Eareckson — me advirtió Rick, muy divertido —. ¡Quédate a un lado de la calzada . . .!

A medida que avanzábamos a toda velocidad por frente a las piezas, los pacientes miraban asombrados o se sonreían. Primero se adelantó la silla de Rick, luego la mía, y luego otra vez la de él.

Cabeza a cabeza entramos en la "última vuelta" — el ángulo de la esquina derecha, al fondo del corredor. Me lancé al corredor sin siquiera frenar. Al hacer la curva me di frente a frente con una enfermera que llevaba una bandeja llena de remedios y botellas. Se quedó helada. Yo le grité: "¡Cuidado! . . ."

Demasiado tarde. La bandeja salió volando y fue a estrellarse contra el piso de baldosas, mientras mi silla aprisionaba a la enfermera (a los gritos) contra la pared. Traté de parar el motor golpeando la caja de control pero lo hacía torpemente, y no logré accionarla. Las ruedas seguían girando, la enfermera chillaba y Rick se reía histéricamente.

Como castigo por manejar imprudentemente me suspendieron el derecho a la silla de ruedas por un tiempo y me limitaron a andar a baja velocidad cuando volví a usarla.

Diana, Dick y Jackie me hicieron bromas durante varios días acerca de la aventura. A todo esto la visita de "unos pocos días" que habían anunciado, se había estirado a varias semanas, pero finalmente tuvieron que regresar al este. Fue una despedida triste pero llena de esperanza. Les dije que podrían aguardar mi regreso a casa alrededor del 16 de abril.

Antes de reunirse con los demás, Dick me abrazó fuertemente y me dijo:

—Quiero que sepas que te quiero mucho. Estaré esperando para verte en abril.

125

Una gran sensación de seguridad y de aliento me invadió mientras Dick me tenía en sus brazos. Comencé a sentirme más optimista acerca de nuestro futuro juntos, en que podríamos ser más que amigos nuevamente, y en que volvería a tener el uso de las manos. Dick y yo todavía no hacíamos sino anhelar y rogar nada más que por eso. Quizás todavía podríamos tener un futuro juntos.

🐦 🐦 🐦

En abril de 1969 me anunciaron que había cumplido la meta de mi recuperación y que ya podría volver a casa. Pero quedaba un hondo interrogante sin contestar.

— Doctor, he estado esforzándome mucho por recuperar el uso de las manos. Me empiezo a preguntar si alguna vez lo lograré.

— No, Joni. Nunca vas a recuperar el uso de las manos — dijo de modo terminante —. Más vale que te acostumbres a la idea.

Sus palabras fueron exactamente lo opuesto a lo que yo quería oír. No estaba preparada para aceptar el hecho de que siempre sería una cuadripléjica. Siempre dependiendo de otros, siempre desvalida.

No fue una noticia totalmente sorpresiva. Me imagino que siempre lo había sospechado. Sin embargo, había estado confiando todo el tiempo que aquí en El Rancho Los Amigos, habría de tener una cura milagrosa.

Entre lágrimas logré escribirle a Dick una carta contándole lo que me había dicho el doctor.

Por alguna razón, Dios ha decidido no contestar nuestras oraciones. Nunca volveré a usar las manos. Eso significa que siempre dependeré de otros y no podré valerme sola. Nunca podré ser una esposa. Sé que me quieres, lo mismo que yo a ti. Sin embargo, Dios debe tener otro plan para nosotros. Continuemos como amigos, Dickie. Quiero que te sientas libre para iniciar otras relaciones. Quiero que conozcas otras chicas y que busques la guía de Dios para que puedas encontrar la persona adecuada para ser tu esposa. Jamás podré ser esa mujer. Lo siento, Dickie, pero jamás podría pedirte que formes parte de una relación tan sin esperanzas. Sigamos manteniendo entre nosotros una relación fundada en la amistad.

No quise firmarla "Tu Joni" como solía hacerlo en mis cartas anteriores. Esta vez firmé simplemente "Joni".

No fue fácil cortar esta relación tan especial que yo había mantenido con Dick: en realidad me asustaba cortarla. Lo amaba; no quería perderlo, pero ahora sabía que no podría casarme con él. Mi parálisis era una carga demasiado grande para colocar sobre sus hombros. Y comprometernos en algo, sin el matrimonio por delante, me parecía injusto hacia él. Grandes oleadas de desesperación inundaban mi ánimo cuando me daba cuenta de que jamás me casaría con Dick, y me di cuenta que tenía que dejar de pensar en promesas pasadas que no podía ni debía mantener.

Había podido aceptar el destino de no volver a caminar más. Pero había creído que todavía entraría a formar parte de ese grupo de personas incapacitadas que pueden manejar, preparar comidas, trabajar con sus propias manos y poner sus brazos alrededor de aquellos a quienes aman. Que podría tomar un vaso de agua, bañarme, cepillarme el cabello y colocarme cosméticos sola. Cosas pequeñas, por cierto, pero lo suficientemente importantes como para hacer una diferencia entre aquel que simplemente está incapacitado de hacer ciertas cosas y aquel que debe depender totalmente de otros.

Ahora, muy lentamente, la realidad de mi lesión comenzó a entrarme en el cerebro: sería una cuadripléjica *para toda la vida.*

Es importante recordar que la promesa "Todo obra para bien . . ." sólo tiene aplicación en aquellos que aman a Dios y han nacido en su familia. Por causa de nuestro pecado y nuestra rebelión, nos hemos separado de Dios y estamos expuestos a su juicio. Alabado sea Dios, sin embargo, por haber mandado a su Hijo Jesús, para ser juzgado en la cruz — y pagar así el castigo de tu pecado y del mío. Si realmente creemos que nuestro castigo fue llevado por Cristo y le obedecemos como Señor, podemos tener la seguridad y la promesa de Romanos 8:28.

Es mi esperanza que, en el curso de la lectura de este libro, el Espíritu Santo haya podido iluminar tu corazón y tu mente para entender estas verdades. Jesús está vivo y su poder está a tu alcance. El se manifiesta diariamente en mi vida — ¡cuánto más podrá hacer en la tuya! ¿Eres parte de la familia de Dios? Ciertamente deseo que nos encontremos algún día en la gloria.

JONI
PTL

Ocho

Cuando regresé de California, agradecí a Dios estoicamente, pero con poca sinceridad, por las razónes que tenía al no permitirme recuperar el uso de las manos, y por el hecho de que jamás podría casarme con Dick. Pero me estaba poniendo cínica de nuevo y empecé a dudar de la realidad de Romanos 8:28.

Mamá y papá estaban contentos de tenerme en casa y yo me sentía feliz de estar allí. Pero interiormente me sentía amargada y resentida porque Dios no había contestado mi oración: no me había devuelto el uso de las manos.

Diana pasaba mucho tiempo en casa, atendiendo a mis necesidades y tratando de levantarme el ánimo.

— Ya sé que te dijeron en El Rancho Los Amigos que no volverías a caminar ni recuperarás el uso de las manos, pero no debes abandonarte por eso — me estimulaba cierta vez.

— ¿Por qué no? — le respondí aburridamente.

— Debes esforzarte a trabajar con lo que te queda.

— No me queda nada.

— ¡Vamos, no me vengas con eso! — me retó Diana —. Vi gente en Greenoaks y en El Rancho que estaban realmente mal . . . ciegos, mudos, sordos. Algunos habían perdido la razón, eran casi vegetales.

A ellos si que no les quedaba nada, Joni. Pero a ti, te

queda la mente, la voz, los ojos, los oídos. Tienes todo lo que necesitas. Y tendrás que hacerlos trabajar mientras yo tenga algo que ver contigo.

— Veremos . . . veremos — le contesté.

Dick venía a verme, pero nuestras conversaciones parecían poco naturales y tensas. Nunca me había contestado directamente la carta, nunca me había dicho: "Si, Joni, tienes razón. Nunca podremos casarnos porque no seria capaz de manejar los problemas y conflictos emocionales que involucra tu incapacidad física."

Finalmente una noche sacó el tema: Joni, a mi no me interesa si te sanas o no. Si quedas así y yo tengo la suerte de poder casarme contigo, seré la única persona en el mundo a quien Dios le haya regalado una mujer en sillón de ruedas por esposa.

— ¿Regalo? ¿Cómo puedes decir semejante cosa?

— Por supuesto. Yo te veo a ti y a tu incapacidad física como una bendición para mí.

— ¿Una bendición? — lo interrumpí.

— Si . . . una bendición, porque Dios sólo nos da regalos para nuestro bien — dijo Dick con sencillez.

— No, Dick. Esto no andaría nunca. Mi parálisis es demasiado para ti. Es casi demasiado para mi misma, cuánto más para ti.

— Pero si compartiéramos la carga se nos haría más fácil a los dos.

— Eso es muy romántico, pero poco realista — le contesté.

Dick se quedó callado. No quería aceptar lo que yo le estaba diciendo. Se estaba imaginando lo que él deseaba que sucediera, no lo que sucedería verdaderamente. Finalmente, con los ojos llenos de lágrimas, sonrió y asintió:

— Supongo que tienes razón. Quizás, quizás no sea capaz de manejar la situación. Quizás no estoy a la altura de hacerlo . . . — su voz se fue perdiendo.

Con el tiempo Dick volvió a salir con otras chicas. Solía traer a sus amigas a casa, para que me conocieran. En realidad, algunas de sus "citas" con ellas no consistían en otra cosa que en viajes a visitarme.

🐌　🐌　🐌

Me fui recluyendo en mí misma, y en la soledad de mi hogar. Después de haber estado por tanto tiempo afuera, apreciaba la vieja casa con todos sus recuerdos placenteros. Sin embargo, por alguna razón, ya no podía sentirme cómoda en casa, me sentía poco natural desubicada en mi propio hogar. '

Esto me producía sentimientos de ansiedad y extrañeza — como la depresión que sentía mientras trataba de adaptarme durante aquellos meses de pesadillas después de mi accidente.

— ¿Qué es lo que te pasa, querida? — me preguntó finalmente papá.

— No . . . no sé, papá. Simplemente estoy triste, deprimida.

Papá asintió con la cabeza.

— No sé si jamás podré adaptarme a vivir paralizada — le confesé —. En el instante en que comienzo a pensar que tengo las cosas bajo control, caigo otra vez en esta espiral.

— Bueno . . . tómate el tiempo que quieras, Joni. Haremos cualquier cosa, cualquier cosa que esté a nuestro alcance para ayudarte, tú lo sabes.

Sus ojos claros y brillantes y su rostro sonriente, irradiaban amor y deseos de alentarme.

Suspiré profundamente y le dije:

— Creo que lo que más me afecta es sentirme tan desvalida. Miro a mi alrededor y por donde miro hay cosas que tú has creado o fabricado. Me entristece pensar que no podré dejar ningún legado, como tú. Cuando tú te vayas, nos habrás dejado estructuras hermosas, cuadros, esculturas, objetos de arte; hasta los muebles son hechos por ti. Jamás podré hacer nada así. Nunca podré dejar nada.

Papá arrugó la frente por unos minutos. Luego sonrió de nuevo.

—Estás totalmente equivocada. Todas estas cosas que he hecho no significan nada. Mucho más valioso es que construyas tu carácter. Deja algo de ti misma. ¿Entiendes? El carácter no se forja con las manos.

—Quizás tengas razón, papá.

—Claro que la tengo.

—Pero, ¿por qué Dios permite todo esto? Mira lo que ha pasado con nuestra familia. Hemos recibido una cuota demasiado alta de infortunios. Primero mi accidente, luego el divorcio de Jay, y ahora, ¡ahora Kelly! (mi sobrinita estaba muriendo de cáncer al cerebro). Me parece tan injusto —le dije llorando.

Papá me puso las manos sobre los hombros y me miró de frente a los ojos:

—Quizás nunca conozcamos el "porqué" de nuestros infortunios, Joni. Mira yo no soy ni pastor ni escritor, y no sé cómo expresar exactamente lo que nos está sucediendo, pero Joni, tengo que creer que Dios sabe lo que está haciendo.

—No sé —me aventuré a decir.

—Mira, recuerda las veces que has oído a alguien, y nosotros lo hemos hecho muchas veces, orar muy piadosamente: "Señor, soy un pecador perdido. Merezco el infierno y tu condenación. Gracias por salvarme." Le decimos a Dio que somos pecadores y a renglón seguido, que no merecemos su bondad. Pero luego, si nos sucede alguna desgracia o sufrimos por algo, nos amargamos y le decimos: "Dios, ¿qué estás haciendo conmigo?" Creo que si hemos admitido que merecemos lo peor, el infierno, y luego sólo nos toca una muestra de él cuando sufrimos por algo, por lo menos deberíamos tratar de vivir a la altura de lo que hemos expresado, ¿no crees?

— ¿Crees que yo merecía esta parálisis y que Dios me está castigando?

— Por supuesto que no, querida. Eso ya fue pagado en la cruz. No puedo decirte por qué razón Dios permitió que esto sucediera. Pero tengo que creer que Dios sabe lo que está haciendo. Ten confianza en él, Joni. Ten confianza.

— Trataré — le dije, no muy convencida.

🐸 🐸 🐸

Con el paso de la primavera y la llegada del verano, mi ánimo no se puso mejor. Había esperado un milagro de Dios en El Rancho Los Amigos. Estaba convencida de que me daría el uso de las manos nuevamente. Cuando no me lo devolvió me sentí traicionada. Dios me había fallado.

De modo que estaba resentida con Dios. Para desquitarme de él descubrí una manera de dejarlo fuera, junto con el resto del mundo. Comencé a hacer "viajes" con mi imaginación — depresivos, de estados de humor cambiantes. Trataba de dormir largas horas, para poder soñar, o de tomarme siestas durante la mayor parte del día, para poder dedicarme al ensueño y a hacerme fantasías. Esforzándome lo suficiente, logré cerrar casi por completo la realidad exterior.

Trataba de recuperar cada detalle vívido de alguna experiencia placentera que tuviera archivada en la memoria. Concentraba toda mi energía mental en vivir estas experiencias otra vez.

En estas fantasías imaginadas recordaba cada sensación física que había sentido — lo que había experimentado al usar un par de pantalones viejos y suaves, el agua tibia al salpicar mi cuerpo en una ducha, la caricia del viento en la cara, la sensación del sol de verano sobre la piel. Nadar, andar a caballo. El crujido de la montura de cuero entre mis muslos. Ninguno de estos placeres sencillos era algo malo en sí mismo. Pero yo los usaba para alejar a Dios de mi mente.

Un día estaba sentada en una silla de ruedas en la parte de afuera del rancho que teníamos en nuestra granja en Sykesville. Los amigos que habían venido a visitarme ensillaron caballos y se fueron a dar un paseo por una senda. Me empecé a compadecer de mí misma, comparando mi suerte a la de ellos. Por las ramas de los grandes nogales brillaba el resplandor cálido del verano y danzaba en figuras alocadas sobre el exuberante pasto. Cerré los ojos y visualicé una escena similar de dos años atrás. En mi ensueño, estaba nuevamente con Jason, andando juntos a caballo hacia el bosque, a lo largo de los pastizales fragantes, deteniéndonos en algún sitio solitario. Me imaginaba escenas de irrefrenable placer, de excitación y satisfacción sensual — sensaciones que no debí haber disfrutado entonces ni revivido ahora.

Cuando sentí que el Espíritu Santo me reprochaba, me rebelé aún con más fuerza. "¿Qué derecho tienes de decirme que no piense en estas cosas? Tú eres quien me ha colocado en esta situación. Tengo derecho a pensar lo que quiero. Nunca más volveré a experimentar satisfacción sensual ni placer. ¡No me puedes quitar estos recuerdos!"

Cuanto más me dedicaba a pensar en éstas y otras experiencias, tanto más retraída me volvía. Me sentía frustrada y llena de amargura y acusaba a Dios por el hecho de necesitar tanto de estas sensaciones.

Traté de saborear y disfrutar de otros recuerdos y escenas de mi memoria. Al estar junto a la pileta de natación en la casa de una familia a la que había ido a visitar, me dediqué a atesorar las experiencias que solía tener en el agua: el líquido placer del agua rodeándome, mi cuerpo al golpear la superficie fresca y clara. Aflorar a la superficie y sentir la avalancha de aire penetrando mis pulmones y bañando mi rostro. El cabello mojado colgándome por el cuello mientras me secaba al sol, tirada en la tibia plataforma de cemento. Las gotas pequeñas y calientes haciendo pequeños surcos cosquillosos mientras rodaban por mis brazos y piernas.

Estaba enojada con Dios. Cada pequeño placer físico de la mente que podía recordar se lo arrojaba a la cara con amargura. No podía aceptar el hecho — "la voluntad de Dios" según decían — de que jamás volvería a hacer o sentir estas cosas. Hacia afuera mantenía una fachada de conformidad. Por dentro me rebelaba.

Mis viajes de fantasía se hicieron más largos y más frecuentes. Cuando se agotaron los recuerdos, me dedicaba a inventar cosas nuevas. Comencé a imaginar fantasías sexuales lujuriosas y desenfrenadas con las que pensaba que podía desagradar a Dios.

🐸 🐸 🐸

Diana vino a vivir con nosotros ese verano. Al principio no se dio cuenta de que hacía "viajes". Luego comenzó a advertir que mis rachas de depresión parecían volverse menos controladas, como si entrara en estado de trance.

—Joni, ¡basta! ¡Despiértate! — me gritó Diana un día.

Me tomó de los hombres y me sacudió violentamente. Lentamente recuperé mi sentido de la realidad.

—¿Qu-e-é?

—Joni, ¿qué te pasa? Te estaba hablando y me mirabas como si no vieras nada. . . ¿estás enferma?

—No. Déjame sola. Solamente quiero que me dejen sola.

—De nada te sirve eludir la realidad — me dijo Diana —. Tienes que enfrentar la verdad. No la rechaces. El pasado está muerto, Joni. Y tú estás viva.

—¿Te parece? — le contesté cínicamente —. Esto no es vivir.

Periódicamente interrumpía mis fantasías y me volvía a la realidad con una represión. Pero yo volvía a evadirme otra vez. Descubrí que la mejor forma de hacer un

135

"viaje" era ponerme cerca de un aparato de aire acondicionado ubicado en una ventana, y oscurecer la pieza. El zumbido del aparato era un sonido hipnotizante que me cerraba el mundo exterior. Pronto caía en estado de trance y podía capturar sensaciones y placeres del pasado.

Por fin llegué a la conclusión de que mis humoradas de rebeldía contra Dios no me estaban llevando a ningún lado. Me di cuenta de que eran una forma más de pecado. Antes de mi accidente, mi pecado consistía en cosas que llevaba a cabo. Pero ahora no había oportunidad de poner en acción mis malos pensamientos. Comencé a darme cuenta que el pecado consistía tanto en la actitud como en la acción misma. Antes de actuar, nuestra mente estructura aquellos pensamientos y actitudes que luego constituyen la base de nuestra rebelión contra Dios. Me di cuenta que el enojo, la lujuria y la rebelión, aunque sólo sean actitudes mentales, son pecado. Mi pecado no consistía simplemente en cosas que llevaba a cabo, sino que era una parte integral de mi personalidad. Aunque no tenía oportunidad de rebelarme físicamente contra Dios, no obstante estaba pecando.

Sabía que estaba presa de lo que el apóstol Pablo designaba como "una actitud carnal" opuesta a la espiritual. Mi estado era insoportable — me sentía infeliz e incapaz de complacer a Dios y tampoco a mí misma.

> "Por cuanto los designios de la carne son enemistad contra Dios; porque no se sujetan a la ley de Dios, ni tampoco pueden; y los que viven según la carne no pueden agradar a Dios."
>
> Romanos 8:7,8.

Ni tampoco a si mismos, pensé. Me di cuenta que mis ataques de depresión y mis viajes de fantasías no estaban haciendo otra cosa que confundirme y frustrarme.

No lograba comprender lo que Dios quería demostrarme, de modo que comencé a pedir: "Señor, sé que tienes algo planeado para mi vida. Pero necesito ayuda para entender tu voluntad. Necesito ayuda para comprender tu Palabra. Por favor, Señor, haz algo en mi vida que me permita servirte y conocer tu voluntad."

Nueve

Llegó el verano de 1969. Dos años habían transcurrido desde el accidente. Me puse a pensar en todo lo que me había pasado durante estos dos increíbles años. Al hacer un inventario de mi vida espiritual, me di cuenta de que consistía básicamente de fantásticas subidas y bajadas — mayormente bajadas. En efecto. Acababa de salir de uno de los períodos de depresión más severo desde el momento de mi accidente. Si no recibía ayuda, o una guianza madura, sabía que volvería a hundirme. Era sólo cuestión de tiempo.

Había hecho todo el progreso posible en el plano de mi rehabilitación física. Era evidente a esta altura, que jamás volvería a caminar. Estaría paralizada para siempre desde el cuello para abajo, incapaz de atender ni siquiera a mis necesidades personales. Tenía ahora la absoluta certeza de que iba a tener que depender siempre de otros para cada necesidad o función física.

Esta dependencia era ya suficiente para desencadenar otro ataque de depresión y autocompasión. Le conté mis preocupaciones a Diana.

— Tengo una tremenda sensación de desesperanza y de inutilidad de mí misma, Diana — le dije. Estoy pidiéndole a Dios que haga algo en mi vida que me demuestre que ella tiene significado.

— Yo también he estado orando, Joni — me contestó, y luego dijo —. ¿Sabes?, he estado pensando en traerte un amigo mío para que te conozca.

— ¿Quién? ¿Para qué?

— Steve Estes. No lo conoces. En este momento está en la punta opuesta a la tuya, espiritualmente. Tiene un amor al Señor y un conocimiento de las Escrituras que realmente debieran ayudarte.

— Seguro — comenté sin mayor entusiasmo.

— Es muy joven. La verdad es que todavía está en el secundario.

— ¿En el secundario? Vaya, Diana, es una criatura.

— No, no lo juzgues por anticipado. Espera hasta que lo conozcas.

Steve Estes vino a casa esa misma noche, y en el instante en que cruzó la puerta echó abajo todos los prejuicios acerca de él que me había formado.

Steve se detuvo, alto y erguido, a la par de la silla de ruedas y sus ojos verdes y penetrantes irradiaron inmediatamente una actitud de calidez y franqueza. En la pequeña charla de presentación que mantuvimos, logró hacer que me sintiera totalmente cómoda. Demostró tener madurez y un cómodo dominio de sí mismo. Una de las primeras cosas que advertí fue su actitud hacia mí.

La mayoría de la gente que me ve por primera vez se pone torpe o incómoda por causa de la silla de ruedas. Los intimida o les provoca lástima. Por lo general les lleva más de una visita y una charla, hasta pasar por alto la silla y llegar a una relación más natural. Desafortunadamente mucha gente no logra arribar a ese nivel, y por esa razón me hace sentir cohibida.

Sin embargo, Steve estaba completamente a sus anchas, haciendo que yo también me sintiera cómoda. Hablaba con rapidez, y se expresaba con gestos animados; parecía tener una actitud entusiasta acerca de todas las cosas. A medida que charlábamos comenzó a compartir conceptos bíblicos conmigo; ideas que a él le provocaban gran entusiasmo y que a mi me estimulaban.

—Joni — dijo con gran sinceridad —, ¿no te parece grandioso lo que Dios está haciendo en las vidas de diferentes personas hoy en día?

¿Qué? ¿Quiénes? ¿Dónde? Me cohibía demasiado hacerle esas preguntas que afloraban a mi mente. Pero no hizo falta. Steve las contestó sin que tuviera que formularlas.

—Los muchachos están pasando por experiencias fantásticas en Woodlawn, con el grupo de Young Life. Y en nuestra iglesia hemos visto a mucha gente realmente renovada por el Espíritu Santo. Una pareja estaba a punto de divorciarse y Dios los hizo unirse nuevamente. Un muchacho estaba muy metido con drogas, y Cristo lo salvó. Una chica a quien yo conozco estaba en un estado desastroso y el Señor la enderezó. ¡Tremendo! Deberías verla ahora . . .

Las historias le brotaban con la rapidez del fuego y comencé a percibir el poder de Dios en una nueva dimensión. El Señor había obrado en las vidas de otra gente, y el significado y la verdad de lo sucedido había rebasado en la experiencia de Steve y había llegado a mí a través de sus relatos.

El propio Steve había visto la demostración del amor y del poder de Dios. Eran su fe, su energía y su madurez espiritual evidentemente, las cualidades que tanto lo diferenciaban de mí. Me asombraba ver que un muchacho de dieciséis años pudiera ofrecernos tanta visión espiritual y sabiduría. Yo, como joven adulta de veinte años que era, no había avanzado tanto como él. Había algo en él, una cualidad en su vida, que yo deseaba. Irradiaba confianza, equilibrio y autoridad. Hablaba convincentemente del Señor y de esa fuerza silenciosa y sencilla que la fe en Cristo trae a la vida.

—Steve, lo que me cuentas es como una verdad fresca y nueva — le dije con entusiasmo —. Tienes que venir otra vez a contarme más.

— Por supuesto. Me encantaría.

— Me ayudarías a llegar hasta donde tú estás? Soy cristiana, pero hay tanto que no sé acerca del Señor. Tienes mucha más comprensión espiritual que yo.

— Joni, ¿qué dices si vengo los miércoles para hacer un estudio de la Biblia contigo? — me sugirió.

— Maravilloso — le contesté.

Diana nos miraba sonriente y moviendo la cabeza.

— Yo también quiero asistir. Quizás Jay y algún otro quieran venir, ¿está bien?

— Seguro — Steve aceptó sonriendo.

Cosa extraña. Aquí estaba, un muchacho de sólo dieciséis años, haciendo planes para enseñar a un grupo de adultos jóvenes acerca de la fe cristiana. Sin embargo nadie cuestionó su autoridad o su habilidad para hacerlo. Aún entonces tenía la elocuencia y el carisma de un maestro espiritual, de un líder. Todos respetaban y respondían a sus cualidades de liderazgo.

Steve disfrutaba de su responsabilidad.

Me dijo:

— Joni, me siento realmente cómodo en tu casa. Es como estar en un retiro; la atmósfera me hace sentir como si estuviéramos en L'Abri, con Francis Schaeffer.

Se dio cuenta de que yo, y algunos de los otros, todavía no habíamos dominado algunos de los principios básicos del cristianismo: el carácter de Dios, la Deidad de Cristo, el pecado, el arrepentimiento y la salvación, y estos temas se convirtieron en el enfoque de nuestros estudios semanales de la Biblia.

— En Efesios — nos explicó —, Pablo nos dice que tenemos una herencia fantástica: el haber sido *elegidos* por Dios, aun antes de la fundación del mundo. Nos creó a su imagen, para un propósito especial. Dios quiere que crezcamos y nos perfeccionemos, para poder triunfar. Mucha gente está confundida acerca de lo que es la verdadera espiritualidad. Si un tipo sabe de memo-

141

ria muchos versículos de la Biblia, eso no es tener verdadera espiritualidad. La verdadera espiritualidad es poner en práctica la Palabra de Dios, haciendo que su verdad sea válida al obedecer lo que dice, y no simplemente señalándola como un hermoso ideal.

A medida que Steve compartía estas doctrinas básicas de la Biblia con nosotros, comencé a ver la superficialidad de mi propia fe y de mi nivel espiritual. Mis subidas y bajadas espirituales se podían dibujar en un diagrama con la misma precisión que mis progresos físicos. Me propuse superar este hecho y enfrentarlo de una forma diferente. Para variar, comencé a tomar en cuenta los principios de la Biblia y hacer que mi vida girara alrededor de ellos.

A solas con Dios, un día recordé la forma en que me había evadido de la realidad y le había vuelto las espaldas a él. Le confesé: "Señor he estado errada; errada en querer dejarte fuera de mi vida. Perdóname, Dios. Gracias por esta nueva compresión de tu Palabra que he podido compartir con Steve. Por favor perdóname y vuélveme a ti; vuélveme a tu comunión nuevamente." El Espíritu Santo comenzó a redargüirme primero, y luego a enseñarme. Con cada semana que pasaba, las verdades espirituales se me hacían más reales, y comencé a ver la vida desde la perspectiva de Dios.

Descubrí que la Biblia era un manual para una vida plena de sentido común. No nos da instrucciones porque sí.

En efecto, vi que lo que Dios trataba de decirnos en la Biblia era para prevenirnos. Por ejemplo, cuando nos advierte que el sexo antes del matrimonio es malo.

Pareciera que hay muchas mas advertencias en la Biblia acerca de desvíos ilícitos de la norma sexual, que aquellas otras que señalan otras conductas o comportamientos pecaminosos, tales como hablar mal, envidiar, mentir o enojarse. Lo que la Biblia dice de éstos es "resistid al diablo" (Santiago 4:7); pónganse firmes, peleen y venzan estas debilidades. Pero de los pecados sexuales y de la sensualidad, la Biblia nos aconseja "huir" (1 Corintios 6:18). Si yo hubiera obedecido y no hubiera dado lugar a la tentación, no habría sido luego atormentada por deseos y anhelo que nunca se cumplirían. Eran como una sed insatisfecha. No importa cuánto tratara de cerrarme a la realidad y vivir estas experiencias en la imaginación, nunca podría ser igual. Estas fantasías tenían la textura de las sombras y no podían satisfacerme.

Aprendí algunas lecciones dolorosas de mi relación con Jason. Ahora estaba cosechando las consecuencias. Me sentía torturada, no por haber hecho algo feo o impulsivo. Por el contrario, el amor físico es hermoso y emocionante. Pero Dios sabe cómo llega a frustrar y atormentar cuando va separado del contexto matrimonial. Había estado presa del deseo de mis recuerdos. Conozco otras chicas que han derramado lágrimas amargas por la misma razón. Y han encontrado que la culpa y el remordimiento que deja como saldo el sexo fuera del matrimonio puede ensombrecer y arruinar vidas que podrían haber sido felices, y causar dificultades a parejas que de otro modo hubieran tenido éxito.

Pero ahora, habiendo recibido la ayuda de Dios y su perdón, me arrepentí y dejé todo atrás. Pedí su dirección, y la fuerza mental necesaria para pensar sus pensamientos y no hundirme más en la autocompasión y en recuerdos y fantasías lujuriosas.

Me aboqué al hecho de que, una vez y para siempre, debía olvidarme del pasado y concentrarme en el presente. Debía confiar en Dios y reclamar la promesa de la Escritura que nos promete que Dios hará alejar de nosotros para siempre nuestro pecado (Salmo 103: 12).

Decidí que me iba a librar de todo cuanto pudiera recordarme el pasado. Regalé mi palo de jokey y mis amados palos de *lacrosse*. Vendí mi caballo, Tumble-weed, y me libré de todas esas *cosas* que me ataban a mis recuerdos.

Ahora estaba obligada a confiar en Dios. No me quedaba otra alternativa que agradecerle por lo que iba a hacer en mi futuro.

A medida que empecé a orar y depender de él, hallé que no me decepcionaba. Antes solía decir: "Dios, quiero hacer tu voluntad, y tu voluntad para mí es que recupere las piernas, o por lo menos el uso de las manos." Era yo quien decidía la voluntad de Dios para mí, y me rebelaba cuando las cosas no salían como yo había esperado. Leí el pasaje: "Dad gracias en todo, porque esta es la voluntad de Dios para con vosotros." Así que la voluntad de Dios era que yo le agradeciera por todo. Muy bien. Decidí confiar plenamente en esta verdad. Le agradecí por lo que había hecho y por lo que habría de hacer.

A medida que me concentraba en las instrucciones concretas de la Biblia, descubrí que ya no era necesario evadirme de la realidad. Las sensaciones dejaron de parecerme importantes. Mis fantasías en las que soñaba tener sensaciones físicas y táctiles ya no me eran necesarias, porque aprendí que sólo estaba temporariamente privada de estas sensaciones. La Biblia nos muestra que nuestros cuerpos son transitorios. Cuando mi marco de referencia se desplazó hacia esta perspectiva de la vida eterna, todo mi problema acerca de vivir en una silla de ruedas se volvió algo trivial.

Steve me mostró otras evidencias en la Biblia en las que se advierte que la perspectiva de Dios es diferente a la nuestra. En Hebreos 12, se nos estimula para que soportemos la vida con paciencia. En 2 Corintios 5:1-5 se nos recuerda que nuestros cuerpos son la morada temporaria de nuestros espíritus y nuestras personalidades. Filipenses 1:29 nos señala que hay quienes son llamados a sufrir por Cristo, quizás hasta el punto de tener que pasar por pruebas de fuego, como lo expresa 1 Pedro. "Amados, no os sorprendáis del fuego de prueba que os ha sobrevenido, como si alguna cosa extraña os aconteciese, sino gozaos por cuanto sois participantes de los padecimientos de Cristo, para que también en la revelación de su gloria os gocéis con gran alegría" (1 Pedro 4:12, 13).

Steve me guió a través de las Escrituras y me ayudó a colocar mi dolor y mi sufrimiento en esta perspectiva.

— Aquellos que sufren — me explicaba Steve —, debieran concentrarse en obrar con rectitud y dejar en manos de Dios el cuidado de sus vidas y de su espíritu. Todos debemos hacer eso, pero la Biblia señala que especialmente aquellos que pasan por pruebas de sufrimiento deben vivir para Cristo.

En mis fantasías había buscado la realidad de mis experiencias pasadas, porque quería evadir la verdad del presente. Pero ni siquiera el presente era verdaderamente la realidad. Algún día habrá para nosotros una realidad y una experiencia definitiva y esta verdad sólo puede ser aprehendida por la fe. Lo que vemos por fe es la verdadera realidad.

Todos estábamos creciendo y aprendiendo gracias a las reuniones que hacíamos en casa, por la noche. Diana seguía viviendo con nosotros y ese otoño volvió a inscribirse en la Universidad para estudiar sicología. Uno de los "juegos" que aprendió en ese primer curso fue el de la representación de roles para adquirir una mejor comprensión de la gente y de las diversas circunstancias y formas de conducta.

Una noche, después de nuestro estudio bíblico, todos intercambiamos roles y nos pusimos "en la piel del otro" por un rato. Diana y yo intercambiamos lugares. Alguien me llevó al sofá mientras Diana ocupó mi silla de ruedas.

— ¿Saben?, esto es raro — señaló Diana, haciendo mi

papel—. Ustedes parecen tener miedo a la silla de ruedas. Todos parecen mantener una distancia. Como si hubiera un espacio alrededor de la silla que nadie quisiera franquear.

— Es interesante — agregué —. Estaba pensando justamente cómo la gente parece mas natural hacia mí cuando estoy en el sofá.

Discutimos el asunto de la silla y el significado que tenía para diferentes personas. La típica reacción de los extraños era de condescendencia hacia uno, que para ellos, debía ser de alguna manera inferior. Supongo, como dije antes, que algunas personas creen que si uno es lisiado, es mentalmente deficiente también.

Diana, Jay y Dick estaban tan acostumbrados a la silla que tenían una actitud natural hacia ella. Tan natural, por cierto, que andar conmigo era a menudo un juego para ellos. Me empujaban con una sola mano o me daban un empujón y caminaban a la par de la silla. Muchas veces hacían esto para echar abajo las actitudes remilgadas y provincianas que alguna gente tenía hacia la silla de rueda. Por ejemplo, la silla tiene sólo unos 60 centímetros de ancho, pero en la vereda, la gente deja espacio suficiente como para que pase un auto. Su sutil falta de naturalidad sólo aumenta la confusión y la frustración de la persona que está en la silla. La hace sentir torpe y gorda.

La gente suele mirar insistentemente sin proponérselo, especialmente cuando la silla se empuja muy rápido (al menos en su opinión). Aparentemente, la opinión popular determina que una persona en silla de ruedas debe ser tratada como un paquete de valiosas antigüedades.

Las mujeres más viejas suelen venir hacia mí en los negocios o en la calle, chasquean la lengua, y me dicen algo así como: "Oh, pobre querida, qué chica más valiente y fuerte . . . " Yo sonrío amablemente, pero a menudo quisiera decirles mis verdaderos sentimientos, ¡qué no siempre son tan encantadores!

Sin embargo, llegué a un acuerdo conmigo misma. Si alguna persona tenía problemas con mi silla, yo trataba de hacer todo lo que podía para hacerla sentirse cómoda. En los estudios bíblicos, hacía que Dick me llevara al sofá. Fuera de la vista, la silla ya no intimidaba a nadie. Sentada con mis piernas apoyadas en una otomana, parecía una persona "normal".

Lo que comenzó como un simple experimento de sicología práctica, se convirtió en un hábito regular para mí. Disfrutaba siendo una del grupo en esta forma y me sentía contenta de que nos hacía sentir más cómodos a todos.

Diana probó otro experimento con el juego de roles. Esta vez, yo vi mi situación como otros la veían. Diana se sentó en mi silla, y yo en el sofá.

—Joni, quisiera un vaso de agua —dijo Diana, haciéndose la lisiada.

Haciendo su papel, me di cuenta de algo que nunca había notado desde mi silla: me fastidiaba.

—¡Uf!, estoy bien enfrascada en este programa de televisión. ¿Puedes esperar hasta la propaganda? —le pregunté.

—Bueno, supongo que sí —suspiró Diana.

Todos sonrieron con complicidad. Entonces dije:

—¿Ese es realmente mi modo de ser? ¡Ay, qué horror!, discúlpenme. Ya veo qué egoísta puedo ser sin siquiera darme cuenta. Voy a tratar de ser más considerada con ustedes desde ahora.

El no estar en la silla de ruedas era positivo también para mi confianza en mi misma como mujer. En la silla de ruedas, a veces me sentía tensa y poco natural; sentada en el sofá, me sentía relajada y cómoda. Una noche mientras mirábamos televisión, Dick se inclinó y puso su cabeza sobre mi falda. Logré sacar el brazo del cabestrillo y comencé a acariciar su cabello con la mano. Por supuesto, yo no sentía nada, pero Dick sí. El se relajó y disfrutó la actitud normal de una chica pasando los dedos por su cabello.

Estos eran momentos placenteros de crecimiento y aprendizaje, ensombrecidos solamente por la enfermedad de Kelly. Se estaba debilitando más cada día. Pero su situación, tanto como la mía, se hicieron más llevaderas a medida que yo crecía en fe y en entendimiento.

Steve continuaba viniendo, a veces varias veces por semana. Su enseñanza, basada en la Biblia, de las más sencillas verdades doctrinales, se estaba volviendo una parte de mi vida. Antes, las había aceptado casi sin cuestionarlas. Pero no eran algo real en mi experiencia. Sus verdades no habían sido probadas. En mi primera depresión en Gréenoaks había examinado otras teorías filosóficas y teológicas. Ahora, ya no podía aceptar una doctrina sin cuestionarla, pero aunque lo hacía, encontraba las respuestas. Steve explicaba las verdades de la Biblia en tal forma que parecía como si Dios mismo me hablara directamente

Vi la llegada de Steve a mi vida como una respuesta específica a la oración desesperada que había hecho justamente antes de conocerlo.

Discutimos la segunda venida de Cristo Jesús. Aprendí que un día Jesús volvería a la tierra y que yo recibiría un flamante cuerpo nuevo. Cristo me daría un cuerpo glorificado con el que podría hacer todo lo que hacía antes, y probablemente más. ¡Algún día volvería a tener sensaciones! *No voy a ser paralítica para siempre.*

Esta nueva perspectiva acabó con mi necesidad de recluirme en viajes fantasiosos y sueños diurnos.

Steve me ayudó a superar mis bajadas y subidas espirituales. "Pongan su atención en las cosas de arriba —leyó de Colosenses 3 — y no en las cosas pasajeras de la tierra." Desde que pude ver que un día tendría un cuerpo renovado, me resultó fácil enfocar mis intereses en cosas celestiales y eternas. Yo había perdido cosas temporales, el uso de mi cuerpo terrenal, así que me era fácil aceptar esa verdad. A pesar de estar "condenada" a una silla de ruedas, sabía que un día estaría libre de ella.

—Steve —le dije—, estoy empezando a ver la silla de ruedas más como un instrumento que como una tragedia. ¡Creo que Dios me va a enseñar algo más sobre esto!

Steve me introdujo al proceso de poner la Palabra de Dios en práctica, de obrar de acuerdo a sus promesas y sus mandamientos. Leía algo en la Biblia y me decía a mi misma conscientemente: "Esta es la voluntad de Dios." Intelectualmente, comprendía su significado. Emocionalmente, tenía que probar esta nueva verdad, comprobarla con mi propia voluntad. "Sí, ésta es la voluntad de Dios", y agregar, "para mí".

"Dios, estoy confiando en ti para que me des la victoria" le recordé. La Escritura adquirió un sentido personal. Job había sufrido, así que podía responder convincentemente a mis necesidades. Jeremías había sufrido, y también aprendí de él. Como Pablo había recibido azotes, naufragios, prisiones y enfermedades, me sentía identificada con sus sufrimientos también. Comencé a entender a qué llamaba la Biblia la "participación en sus padecimientos".

Memoricé pasajes de la Escrituras que tenían mucho significado para mí. Comprendiendo estos pasajes que respondían a mis necesidades, lograba depender más de Dios con mi voluntad y mi vida. Aun cuando vinieran tiempos de dolor y desesperanza, yo podía contar con el hecho de que "Dios sabe lo que está haciendo", como decía papá frecuentemente.

Memorizando las promesas de Dios, comprendí que el Señor terminaría alguna vez con este entrenamiento en la escuela del sufrimiento, pero en su propio tiempo.

El apóstol Pablo dijo que el secreto estaba en esforzarse permanentemente. Él mismo, en la cumbre de su vida y de su compromiso con Cristo, admitió que no había llegado todavía a la perfección espiritual.

Probablemente, pensé, *mi sufrimiento y preparación es un proceso que dura toda la vida. Terminará recién cuando vaya a estar con Cristo.*

Tenía mucho que hacer para ponerme al día. Si la vida iba a significar algo para mí, tendría que aprender todo lo que podía, no solamente verdades espirituales, sino también conocimientos académicos. Tendría que encontrar la forma de hacer alguna contribución a la sociedad.

Diana y Jay estaban deseosas de ayudarme a entrar de nuevo "en circulación", a ponerme a tono con el mundo que me rodeaba. Ver gente e ir a lugares era agradable y estimulante. A esta altura ya me sentía cómoda en la silla de ruedas, acostumbrada a las miradas y a la falta de naturalidad de los otros. Poder estar al aire libre ese verano fue una experiencia placentera para mis sentidos. Encerrada en diversos hospitales por dos años, casi había olvidado todo lo que había para ver, oír y oler estando al aire libre. Estas experiencias saturaron mis hambrientos sentidos. Pero como resultado de ese impacto sensorial, me cansaba con facilidad y me veía obligada a descansar después de estos paseos.

Steve trataba de animarme a verbalizar mi nueva manera de ver las cosas, a poner esta nueva verdad en práctica. Me pidió que compartiera mi fe, el testimonio de mi experiencia cristiana, con el grupo de jóvenes de su iglesia. La idea de hablar a quince adolescentes me aterrorizaba. Mi tendencia natural en ese momento era ser tímida, así que cuando llegó el momento, estaba realmente nerviosa. Miré esas caras pulidas y seguras de sí mismas y me puse tan petrificada que no podía hablar.

—Yo . . . emm . . . Yo soy Joni Eareckson . . . y . . . emm . . . em . . .

En mi mente se hizo un blanco. *¿Qué era lo que tenía que decir?* Los chicos eran educados y no empezaron a reírse ni a burlarse.

—Yo . . . yo . . . emm . . . quiero decirles . . . emm . . . lo que Cristo significa para mí. Emm . . . Ustedes ven . . . él es muy real . . . para mí. Yo he . . . emm . . . tenido . . . emm . . . muchos problemas . . . emm . . . pero yo . . . quiero decir él . . . él ha sido fiel. Y emm . . . yo espero que ustedes lo conozcan como yo.

Tenía la garganta seca, la cara ruborizada, y no encontraba manera de seguir, así que simplemente bajé la mirada y no dije nada.

Después de una pausa molesta y aterrorizante, Steve se hizo cargo de la situación. De alguna manera, juntó las partes de lo que yo había dicho y les dio forma. Yo estaba aliviada y admirada de que hubiera podido salvar la situación.

Más tarde dije firmemente:

—¡No quiero volver a hacer esto nunca más en mi vida!

—Tonterías — me contradijo Steve —. Sólo necesitas experiencia. Yo estaba igual la primera vez que un amigo me pidió que diera mi testimonio en una de sus reuniones de evangelización al aire libre en una esquina.

—¿En serio?

—Tartamudeé todo el tiempo. Pensé que tenía hinchada la lengua.

—Pero yo no tengo tu don para hablar, tu presencia de ánimo. Simplemente no puedo.

—Deberías ir a la Universidad — dijo, palmeando con bondad mi rodilla —. Podrías asistir a clase en tu silla de ruedas si vas a la Universidad de Maryland. Allí tienen otros lisiados. No tendrías problemas.

—Mm-m. Tal vez tengas razón.

Sonrió y asintió con la cabeza.

—Bueno — acepto —, si Diana y Jay me ayudan, iré a la Universidad este año.

En septiembre comencé a asistir a algunas clases en la Universidad. Jay o Diana iban conmigo y tomaban apuntes por mi. Me inscribí en interpretación oral, dicción y oratoria. Mis charlas estaban relacionadas con cosas que sabía y podía discutir con facilidad: referentes a gente lisiada, la aceptación de la silla de ruedas y mi experiencia cristiana.

Lentamente adquirí confianza, especialmente al ver que la gente tenía interés en lo que yo decía En mi interior, sentía que Dios me estaba preparando; que de alguna manera, algún día podría aprovechar lo que estaba aprendiendo.

Al mismo tiempo, comencé a entender las verdades espirituales de formas más significativas. Esta nueva visión me dio la victoria sobre el pecado pasado, las tentaciones, la depresión. Dios me dio los medios para controlar mi naturaleza pecadora cuando comprendí la importancia de su realidad y del presente.

Se terminaron las fantasías. Definitivamente. Con la total plenitud de Dios, no necesitaba revivir memorias del pasado. Había llegado al punto en que mi cuerpo ya no necesitaba de las sensaciones que en un tiempo creía tan terriblemente importantes. Dios me había llevado más allá de la necesidad de sentir y de tocar. Sin embargo, él se ocupó de que siempre que fuera posible, yo pudiera disfrutar de cosas como el contacto de un suéter de cachemira en el cuello, el abrazo de alguien querido, el movimiento tranquilizador de una mecedora, y las sensaciones que él me daba cada vez que salía al aire libre: el viento, el sol, incluso la lluvia en la cara. Y estaba agradecida por todo lo que Dios me daba.

Diez

En febrero de 1970, mi sobrinita Kelly murió del tumor al cerebro que la había tenido con dolor constante durante un año. Su muerte me evidenció la importancia que tiene cada alma individual.

Yo estaba recién comenzando a manejarme en un marco de referencia decididamente espiritual, así que el progreso de Kelly en la fe, aunque sólo tenía cinco años, me dio valor y ayuda a medida que veía la realidad del amor y del poder de Dios obrando en su pequeña vida. Su tragedia nos unió como familia, y también con Dios

Todos habíamos aceptado la muerte inevitable de Kelly, teníamos paz; sin embargo esto no significó que la agonía de perderla no dejara su saldo en nosotros, o que nunca nos preguntáramos: "¿Por qué Dios?"

La mamá de Kelly, mi hermana Linda, sufrió más que ninguno. Poco después de que Kelly se enfermara, su esposo la dejó y se divorció de ella. Esto la dejó con dos hijos además de Kelly para mantener, y se sumó el tener que enfrentar la muerte de Kelly. Su mundo parecía estar derrumbándose, y por mucho tiempo se negó a enfrentarlo.

A través de la muerte de Kelly y de mi propia parálisis, estaba aprendiendo que el tratar de buscar explicaciones a los propósitos de Dios, sólo traía una triste frustración. *¿Por qué Dios? ¿Por qué murió Kelly? ¿Por qué quedé lisiada? ¿Por qué hay otros que viven y tienen salud?* No había ninguna razón aparte de los propósitos finales de Dios.

No siempre somos responsables de las circunstancias en las que nos encontramos. Sin embargo, *somos* responsables de la forma en que respondemos a ellas. Podemos terminar en la depresión o en la desesperación suicida. O podemos aceptar a un Dios soberano que tiene todo bajo su control, que puede usar nuestras experiencias para nuestro bien, transformándonos a la imagen de Cristo (2 Corintios 3:18).

Dios manejó las circunstancias. Las usó para hacerse patente en mi como también para probar mi lealtad. No todos tenían ese privilegio. Sentí que había pocas personas en quienes Dios tenía interés en una forma tan particular como para probarlos con toda clase de experiencias. Estas nociones me dieron paz y sosiego a medida que me apoyaba en su amor y ejercitaba mi confianza recién adquirida. Vi que mi accidente no era una tragedia sino un don que Dios estaba usando para ayudarme a conformarme a la imagen de Cristo, algo que significaría mi satisfacción final, mi alegría, hasta mi gozo.

Steve, en una de nuestras sesiones de estudio en conjunto, comparó mi vida a la experiencia del apóstol Pablo: "Quiero que sepáis, hermanos, que las cosas que me han sucedido, han redundado más bien para el progreso del evangelio" (Filipenses 1:12).

Reflexioné acerca de este concepto una noche mientras Steve cruzó la pieza para avivar el fuego del hogar. El me recordó:

—Joni, lo que te está sucediendo va a beneficiar la causa de Dios. Pablo tenía las cadenas de la cárcel, tú tienes tu silla de ruedas. Puedes alegrarte en el sufrimiento porque Dios está permitiendo que sufras a su favor.

Steve se sentó y se acomodó en el sillón mullido mientras hojeaba la Biblia. "Os es concedido a causa de Cristo", leyó, "no sólo que creáis en él, sino también que padezcáis por él" (Filipenses 1:29).

Era emocionante pensar que lo que me ocurría verdaderamente podía "redundar en el progreso del evangelio". Comencé a compartir mi fe con más gente en un contexto positivo, y vi que la Palabra de Dios no podía ser sujetada ni encadenada aunque yo lo estuviera (2 Timoteo 2:9).

Ahora, cada vez que surgía algún problema, aparecía en un contexto que alcanzaba a comprender. Me limitaba a confiar en Dios. Trataba de tener presente que todas las cosas venían a mi vida de acuerdo a la fórmula de Andrew Murray: "Por el designio de Dios, con su protección, bajo su enseñanza, en su tiempo." Y yo tenía la promesa de Dios de que no pondría sobre mí más de lo que pudiera soportar.

Cuando comencé a ver que las circunstancias eran ordenadas por Dios, comprendí que la verdad sólo puede aprenderse por la aplicación.

En 2 Tesalonicenses, leí: "Dad gracias en todo." Pero a veces yo no quería dar gracias. Emocionalmente, era algo que no me sentía dispuesta a hacer. No obstante, podía dar gracias con mi voluntad, aunque no lo hiciera con los sentimientos.

— Después de todo — le comenté un día a Steve —, durante dos años me desperté todos los días en un hospital. Si no fuera por ninguna otra razón, al menos puedo dar gracias de que ya no estoy allí.

Así que comencé el habito de dar gracias, aun cuando no me sentía agradecida. Después de un tiempo, sucedió una cosa curiosa. ¡Comencé a sentirme verdaderamente agradecida!

— Tu parálisis puede ser una bendición, incluso — observó Steve durante alguna de las oportunidades que estuvimos juntos.

— ¿Una bendición?

— Seguro.

— No estoy tan segura de eso — argumenté —. Me ha costado mucho tiempo llegar a aceptar mi accidente como algo permitido por Dios para mi bien final. Pero todavía no creo realmente que sea una bendición.

Durante las semanas siguientes, leí más y más respecto de la soberanía de Dios. Ciertamente era una doctrina reconfortante. A medida que su luz invadió mi mente y mi intelecto, se mejoró mi espíritu y la imagen que tenía de mí misma. Me sentí segura, a salvo. Dios tenía el control de todo en mi vida.

Esa primavera, Steve y sus padres se fueron a un retiro donde el tema del valor de "uno mismo" fue explicado en términos bíblicos. Steve compartió conmigo estos conceptos una tarde que vino con unos libros que quería que yo leyera.

— Joni, ya debes saber el valor que Dios te da — dijo mientras ponía los libros sobre la mesa.

— Sí, supongo. ¿Por qué?

— Bueno, creo que todavía estás aferrada a tu propia imagen de ti misma.

— ¿Aferrada a mi propia imagen? ¿Qué quiere decir eso?

— Siempre te estás disminuyendo, siempre estás a la defensiva — respondió.

Por supuesto, Steve tenía razón. Yo todavía observaba a la gente saludable y activa, gente atractiva, disfrutando de la vida a mi alrededor. Con cualquiera de ellos que me comparaba salía perdiendo. ¡Hasta hubiera perdido si me comparaba con un maniquí!

— Eso nos ocurre a todos si dejamos que la sociedad nos determine — me explicó Steve mientras se sentaba en el banco del piano —. Siempre perdemos cuando nos evaluamos de acuerdo a las ideas y normas de algún otro. Y hay tantos modelos como personas existen. Un deportista te mide por tu capacidad atlética, un estudiante por tu inteligencia, un pretendiente por tu aspecto. Es una batalla perdida —dijo haciendo un acorde disonante en el piano para agregar énfasis. Tenemos que olvidarnos de lo que la gente dice o piensa y reconocer que la valoración de Dios es la única que importa.

Era verdad. Dios sabía que yo tenía manos, pies, brazos y piernas que no funcionaban. Él sabía qué aspecto tenía. Y ninguna de estas cosas realmente importaba. Lo que contaba era que yo era obra suya, creada a su propia imagen. Y él no había terminado todavía conmigo (Efesios 2:10).

En los días siguientes, le agradecí a Dios por "mí", sea lo que fuere en cuanto a mente, espíritu, personalidad ... e incluso cuerpo. Le agradecí por el aspecto que tenía y por aquello que podía hacer y por lo que no podía hacer. A medida que lo hacía, la doctrina acerca de la soberanía de Dios contribuyó a que todo encajara perfectamente, como en un rompecabezas.

A esta altura, no solamente había un propósito en mi vida, sino que había un enorme "témpano" potencial también: diez por ciento fuera de la superficie, y noventa por ciento debajo de ella. Era una idea estimulante ¡toda una nueva área de mi vida y de mi personalidad que todavía no se había manifestado!

—Joni, aprendí este concepto de una ilustración que usa Bill Gothard del Instituto para Conflictos Juveniles Básicos. El dice que nuestras vidas son como cuadros que Dios está pintando. A menudo nos salimos de la tela, nos apoderamos de un pincel, y pretendemos intervenir nosotros mismos en la tarea. Pero cuando lo hacemos, sólo obtenemos una mala copia de la obra de arte que él tenía planeada para nuestras vidas.

Steve agregó a este pensamiento:

—Joni, tu cuerpo, en la silla, es sólo como el marco

157

del retrato que Dios está haciendo en ti. Sabes, la gente no va a una galería de arte para admirar los marcos. Ponen su atención en la calidad y el carácter de la pintura.

Eso tenía sentido. Podía tranquilizarme y no preocuparme tanto de mi apariencia. Dios me estaba "pintando" de una forma perfecta para que pudiera resaltar el carácter de Cristo en mí. Esto puso a la silla bajo una nueva perspectiva. Antes había sido una terrible carga, una desgracia para mí. Luego, cuando vi a Dios obrando en mi vida, se volvió simplemente una herramienta. Ahora podía verla como una bendición. *Por primera vez en mi vida de lisiada, se hizo verdaderamente posible que la silla de ruedas fuera un instrumento de gozo en mi vida.*

Once

Con esta nueva visión y una imagen más positiva de mí misma, surgió un nuevo interés por mi aspecto. Jay y Diana me ayudaban a cuidarme el cabello, a arreglarme, y aprendimos cómo comprar ropa que me quedara mejor. Por ejemplo, Jay descubrió que comprando mis pantalones unos siete centímetros más largos, tenían una buena caída y no se me quedaban arriba de los tobillos cuando me sentaba en la silla.

A esta altura de mi vida, me sentía satisfecha con mi situación. Había comenzado agradeciendo a Dios con el esfuerzo de mi voluntad. Ahora podía hacerlo con mis emociones. La silla de ruedas era ahora una parte natural de mi vida.

En el verano de 1970, Diana, Jay, Sheri Pendergrass (una vecina de trece años), y yo, fuimos a Filadelfia para asistir al Seminario de Gothard, que Steve nos había recomendado tanto. Las sesiones me ayudaron posteriormente a cristalizar mis ideas acerca de todo lo que me había venido ocurriendo. Una sesión del seminario trató acerca de "fuentes de irritación", y aprendí que Dios permite ciertas circunstancias en nuestra vida como si fueran una lima para pulir nuestras asperezas, para volvernos suaves como joyas.

— La irritación viene a través de las circunstancias y de personas — me recordó Diana después de una de las sesiones —. Por eso es importante no sólo soportar

159

simplemente sino también responder a ellas "con una actitud piadosa".

— Sí — dije en voz baja — Creo que he sido realmente lenta para ver esta verdad. No es suficiente con que yo soporte todo lo que Dios permite por la vía del sufrimiento. Necesito usar mi situación para su gloria, dejar que estas circunstancias me hagan más semejante a Cristo.

— No es fácil — observó Jay.

— Cierto — agregó Sheri —. Responder con una actitud piadosa. Eso es lo que dice. ¡Pero seguro que no es tan fácil!

— Bueno, pongámoslo a prueba — sugirió Diana —. Cuando se produzcan las causas de irritación, no seamos vencidas por ellas ni dejemos a Satanás ganar la victoria sobre nuestras emociones y sentimientos.

Durante el lapso de tiempo hasta la siguiente sesión, pareció como si Dios me estuviera dando una excelente oportunidad para probar este principio respecto de las causas de irritación. Como estoy confinada a una silla de ruedas, tengo que tomar mucho líquido para obligar a mis riñones a funcionar correctamente en la recolección de los desechos del organismo. En consecuencia tengo una sonda adosada a la bolsa que recolecta la orina y tiene que ser vaciada periódicamente. Sheri estaba cuidándome ese día, y vació la bolsa pero se olvidó de asegurarla de nuevo. Poco después de eso, un hombre se ubicó delante nuestro y miró hacia abajo, luego se dio vuelta.

— Señorita, creo que algo anda mal, — dijo.

— ¡Ay, no! — miré hacia abajo y vi un charquito corriendo por el pasillo. Me ruboricé abochornada sintiendo que flaqueaba como si fuera a desmayarme. Comencé a sentir que me nacía la irritación . . . irritación hacia Sheri, hacia toda la rutina de mi silla, hacia muchas cosas. Luego recordé la lección recién aprendida. Creo que todos vimos en este incidente humillante la lección objetiva que probaba si realmente habíamos aprendido la verdad de ese punto.

Otras verdades del seminario también hicieron impacto en mi vida. Volví a ver la importancia de mi familia en mi propia vida.

El hecho de que soy soltera y lisiada me hace particularmente consciente de mi dependencia respecto de mi familia y de mis hermanas. Sin embargo, los principios son iguales para todos. No es por error que nuestras vidas son lo que son, incluyendo el número de hermanos y hermanas que tengamos y quienes son nuestros padres. Todos forman parte de los propósitos y planes de Dios.

Eso es particularmente cierto en mi vida. Cada una de mis hermanas es especial para mí, pero cada una tiene diferentes capacidades, habilidades, personalidad.

— Si no puedo aprender a amar a cada una de mis hermanas por sí mismas, ¿cómo puedo pretender querer a algún otro con sus propios rasgos? — comentaba con mis amigos.

— Eso sí que tiene sentido — dijo Diana.

— Sí — agregó Jay.

— Jay — dije con suavidad —, recién me doy cuenta qué poco te he querido y valorado a ti, a Kathy y a Linda. Realmente he dado por sentado el amor de ustedes. Ustedes traen a mis amigos, cocinan, limpian, y nunca se quejan. Perdona que haya sido tan torpe. Tal vez podría hacer que mis amigos acomoden las cosas después que me visitan Iquiero decir que pongan los platos y los vasos sucios en el lavaplatos, por ejemplo, después de un refrigerio.

Jay sonrió y me abrazó. Había tocado un punto sensible y ella parecía comprenderlo.

— Y realmente he sido un poco insensible con Kathy y Butch desde su reciente casamiento. Quiero decir, ella es maestra de escuela, y creo que no sé casi nada de su trabajo ni de sus problemas, como para poder identificarme verdaderamente con ella. Voy a hacer un esfuerzo por cambiar. ¿Podrían orar por mí?

— Claro, Joni. Tenemos que orar el uno por el otro porque todos queremos cambiar — dijo Sheri.

Mi mayor descubrimiento en este seminario fue aprender que las relaciones permanentes se obtienen por medio del esfuerzo. Le prometí a Dios (y a mí misma), ser normalmente más considerada con mi familia y más compenetrada de sus necesidades. Se me hizo evidente que lo que ocurría con mi familia era, en un sentido, un terreno de prueba para la calidad de mi trato con otros afuera, en el mundo. Era más difícil ser objetiva, consecuente, en casa, ¡pero si funcionaba allí, funcionaría en cualquier parte!

Tratar las cosas con amor es el modelo con el que Dios mide el éxito en las relaciones humanas. El principio es el mismo ya sea que se trate de una relación de marido y mujer, una relación de compañeros de pieza, una relación de madre e hija, de padre e hijo o cualquier otra relación en la cual Dios nos haya puesto.

Antes, a causa de mi accidente y de mi particular impedimento, mi mundo giraba alrededor mío. Disfrutaba de la atención y de las cosas que la gente hacia por mí. Pero ahora podía ver el egoísmo en esa situación, y traté conscientemente de cambiar, de hacer que mi mundo girara alrededor de otros.

Haciéndolo, aprendí a no dar por sentada la relación con mis amigos y mi familia, a no esperar que siempre hicieran las cosas para mí, sino a apreciar verdaderamente todo lo que hacían, todos sus favores. Como resultado de este esfuerzo consciente de ser consecuente en mis relaciones con otros, especialmente con mi familia, los amigos que venían a visitarme veían que yo era la misma Joni Eareckson para todos.

Un amigo me dijo un día:

— Bueno, supongo que con tu familia puedes sacarte la máscara y ser tú misma, y no preocuparte por lo que otros piensen.

Yo estaba en desacuerdo.

— ¡Eh! Eso es lo mismo que dar rienda suelta al pecar. Todos conocemos gente que es piadosa el domingo pero que viven bien mal el resto de la semana. Es como decir: "No me interesa lo suficiente mi familia como para mostrarles amor y paciencia. No se lo merecen." Creo que si Cristo es real en mi vida en mis relaciones con otros, tiene que comenzar siendo real en mi actitudes para con mi familia.

Podía ver a Dios continuamente "ocupándose de mi salvación". Fue él quién me ayudó a manejar mi pasado, pasado que había perdonado por medio de la muerte y resurrección de Cristo. Luego lo vi actuando eficazmente en mi presente. Aunque todavía me sentía un poco recelosa, sabía que Dios estaba obrando en mi vida para salvarme no sólo de las penosas consecuencias de mi pasado pecaminoso, sino también de su poder todavía presente. Sabía que su Espíritu se estaba ocupando de mí, tratando de crear un carácter semejante al de Cristo en mi vida. Por eso, podía confiar en él para mi futuro y para la total expresión de su redención que se manifestaría en la vida futura.

El arte no ocupaba un lugar muy especial en mi vida durante este período de crecimiento. Aunque a veces me relajaba pintando o incursionando en cosas creativas, el arte no entraba en el esquema total de las cosas. Era nada más que un simple placer que usaba para divertirme, lo mismo que mi interés en la música.

Durante el verano de 1970, conocí a Dick Rohlfs y a los hermanos Chuck y Craig Garriott. Después que llegamos a conocernos en uno de los estudios de Steve, Dickie, Dick, Craig, Diana y yo formamos un grupo vocal. A menudo nuestra casa estaba llena de música y gente. El bajo de Craig resonaba en el techo abovedado de la sala, y el volumen subía tanto que teníamos que abrir las ventanas. Muchas veces mamá y papá se sentaban en las escalinatas, al borde de la sala, aplaudiendo y cantando con nosotros, a veces hasta después de medianoche cuando todos estábamos demasiado roncos como para seguir cantando. Cantábamos bien, lo suficientemente bien como para cantar para *Young Life* y *Youth for Christ* (Juventud para Cristo) y para iglesias y otros lugares.

Para esta misma época, se me pidió que trabajara como consejera en un club de *Young Life* cerca de Randallstown. Accedí y comencé a compartir con los estudiantes secundarios la emoción y el entusiasmo de las cosas maravillosas que Dios estaba haciendo en y a través de mi vida. Las verdades y los valores espirituales que había aprendido eran importantes para todo cristiano, y yo estaba interesada en que estos adolescentes ávidos e inteligentes, aprendieran las lecciones que Dios me había enseñado a mí, sin que tuvieran que pasar por mis mismos sufrimientos.

Comprendía sus vidas y sus experiencias. Sólo unos pocos años antes, yo misma, había estado afligida, desconcertada, buscando algo con ansiedad. Me sentía vinculada a ellos en muchos aspectos y los comprendía desde la perspectiva de sus propias limitaciones: timidez, gordura, falta de admiradores, aparatos de ortodoncia en los dientes, padres divorciados, y muchos otros "obstáculos".

— La Palabra de Dios es verdad — les dije a un grupo de chicas —. Lo sé porque lo he experimentado. Lo he comprobado.

Escuchaban atentamente mientras compartía con ellas mis fracasos emocionales y mi triunfos espirituales. Muchas de ellas vinieron a los estudios bíblicos que teníamos en la casa de Sykesville. Para romper el hielo, ideábamos todo tipo de proyectos divertidos para las chicas que venían, desde simples fiestas de disfraces hasta juegos cómicos, destinados a unir a las chicas no sólo en la diversión, sino también en las lecciones espirituales que venían después.

Ese verano, Jay y yo fuimos como consejeras al campamento de *Young Life* en Colorado. El campamento, llamado *Frontier Ranch*, estaba ubicado en las Montañas Rocosas Centrales. Me sentía emocionada de estar allí; era la primera vez, desde mi accidente, que disfrutaba el aire de las encrespadas montañas. Me regocijaba tomando sol, y en la belleza de las Montañas Rocosas, con el fragante aroma a pino que había en la brisa. Por supuesto, no pude participar en las excursiones, los paseos a caballo, las carreras o las escaladas, y esto hacía que los chicos se sintieran incómodos. Pero cuando vieron que yo no estaba triste, y que me daba alegría verlos, se sintieron más tranquilos.

— ¿No te gustaría poder hacer estas cosas con nosotros? — me preguntó una jovencita.

— Bueno, no necesariamente. Estoy contenta de estar aquí afuera, afuera en el mundo de Dios, donde puedo meditar en su bondad y en su grandeza, y orar. No me perturba demasiado no poder estar con ustedes, ¡al fin y al cabo, algunos de los otros consejeros tampoco pueden seguirlos en todas las cosas que ustedes quieren hacer!

Gradualmente las chicas me aceptaron a mí y a mi silla de ruedas y trataban de incluirme lo más posible en sus actividades. Y aunque sabían que yo no las podía controlar después del toque de queda, nunca se aprovecharon de mi impedimento y siempre me trataron como a una persona normal.

En las reuniones del club, en las salidas y en los estudios bíblicos, desafiábamos a los chicos a vivir para

Cristo. Los ayudábamos a esperar la victoria, a poner sus dones y sus habilidades al servicio de su reino.

Una chica por ejemplo, se interesó en ayudarme. Debbie (que después se casó con Chuck Garriott) se convirtió en una terapeuta física. No creo que necesariamente yo haya puesto esa idea en su mente, pero yo le proporcioné una oportunidad, en la que se sintió necesitada e importante usando su don para ayudar a alguien.

Hacia el final del verano, tuvimos una fiesta de despedida para Steve. Fue una época de emociones encontradas. Yo estaba contenta de que se fuera a un Instituto Bíblico, pero me entristecía pensar que nuestro compañerismo espiritual se terminaría.

— No se va a terminar — me aseguró Steve —. Mira, leí en alguna parte que "nada de lo de Dios muere cuando se muere algún hombre de Dios". También se lo puede interpretar como que "ninguno es indispensable". Dios no se va cuando alguno de sus hijos se traslada a otra parte. Joni, solamente pon tu atención en Cristo, no en mí.

— Pero Steve, yo he aprendido tanto de ti estos años. Me has presentado a Pablo, a los grandes escritores cristianos. Estoy entusiasmada por ti, y voy a orar por ti mientras estés en el Instituto, pero te voy a extrañar. Dios te ha usado para transformar completamente mi vida. Me he hecho dependiente de ti como mi maestro espiritual.

— Escucha, eso no es verdad, Joni. Dios sólo me usó. El Espíritu Santo fue tu verdadero instructor. Sigue adelante con Cristo. Sigue memorizando la Palabra. El va a ser fiel, Joni.

Steve partió para el Instituto y a pesar de sus afirmaciones y de sus muchas cartas, todavía lo extrañaba. Sin embargo, él tenía razón en cuanto a que yo todavía podía crecer y aprender, buscando al Espíritu Santo para su dirección y entendimiento.

Doce

acia el final de 1970, mi vida comenzó a tomar dimensiones interesantes. Con Steve lejos, en el Instituto Bíblico y otros amigos en la Universidad y casándose, me convencí nuevamente de que no había perspectivas para mi propio matrimonio. Comencé a manejarme realísticamente con el concepto de que el plan de Dios para mí era la soltería. Era desconcertante leer libros cristianos al respecto, ya que la mayoría de ellos considera que la mujer soltera debe prepararse para ser algún día casada. Pocos, si no ninguno, daban consejos realísticos y prácticos, para una mujer que tiene que afrontar la soltería como una realidad para toda la vida.

Todavía sentía un rechazo profundamente arraigado y de carácter intensamente emotivo acerca de la idea de renunciar a Dick. Sentía que estaba haciendo lo que debía hacer. No tenía ningún derecho a casarme, a menos que Dios me devolviera ese derecho por un particular acto de gracia. Pero eso sonaba remoto y completamente imposible.

Así que trataba de aceptar mi papel de soltera sin amargura ni actitudes negativas.

A menudo cantaba, o era dama de honor en los casamientos de mis amigos; incluso me tocó el ramillete de la novia varias veces. Estas ocasiones traían de vuelta sentimientos y emociones largo tiempo olvidadas; al menos así lo creía, hasta que salían a la superficie.

Supongo que, muy en el fondo, yo estaba secretamente deseando que llegara el hombre ideal, el hombre que pudiera manejar mi impedimento y la silla de ruedas. *Señor, tú sabes que estoy contenta en mi situación actual, pero supongo que siempre me voy a preguntar si tú tienes alguien preparado para mí.*

≈ ≈ ≈

Muchos de mis amigos ya estaban casados, y a menudo me resultaba difícil identificarme con ellos. Sus intereses eran diferentes; estaban atrapados por la marcha de sus hogares y de sus familias, demasiado ocupados con la nueva dirección que tomaban sus vidas para seguir compartiendo los intereses que alguna vez tuvimos juntos. Para entonces, yo era lo suficientemente madura como para aceptar esto como el natural desenvolvimiento de nuestra amistad, así que no estaba resentida ni amargada. Pero sí me sentía aislada, sola.

Me preguntaba si Dios alguna vez traería a mi vida un hombre capaz de amarme por mi misma y deseoso de pasar la vida conmigo. ¿Podría ser feliz alguna vez, siendo soltera? ¿No había pasado por demasiadas cosas ya? ¿Me probaría Dios aún más, al permitir que me quedara soltera toda la vida?

Estas preguntas alimentaban mi inseguridad emocional, y la soledad se apoderó de mí.

¿Por qué? ¿No es suficiente mi gracia para ti?

Sabía que estaba pidiendo mis deseos, y no la voluntad de Dios. Pero, después de todo, ¿no dijo Jesús "Pidan todo lo que quieran en mi nombre y yo se lo daré"?

Poco después de eso, en una reunión de líderes de *Young Life*, conocí a Donald Bertolli, un amigo de Dick.

— Don es de la zona peligrosa de la ciudad, Pimlico, y trabaja con chicos de la calle — dijo el que dirigió la reunión al presentarlo —. Nuestra iglesia presbiteriana de Arlington, apoya su trabajo entre la niñez pobre de allí.

Donald era un muchacho buen mozo y fornido, de ascendencia asirio-italiana, con grandes ojos marrones. Parecía contener la potencia de un resorte, lleno de energía y vitalidad. Aunque era mayor que casi todos nosotros — veintisiete años frente a mis veintiuno, por ejemplo — parecía disfrutar del tiempo que pasábamos juntos.

Cuando hablaba, generalmente lo hacía como interrogando. Su voz era ronca y quebradiza y reflejaba un amplio trasfondo callejero. Desconfiaba de las respuestas cómodas y persistía en encontrar el fondo de la verdad. Su voz también era vacilante, cautelosa, casi como si tuviera miedo de compartir sus sentimientos íntimos en voz alta.

Cuando hacía una pregunta, se detenía a reflexionar. Le daba una intensa reflexividad a lo que decía, y no parecía dejarse influir ni convencer fácilmente.

Cuando alguno afirmaba "Pero así son las cosas", Donald interrumpía diciendo:

— ¡Eso es irse por la tangente! Nada tiene que ser así simplemente porque ésa es la forma en que siempre ha sido.

Yo estaba impresionada no solamente por su presencia física y su inteligencia, sino también por su testimonio cristiano maduro y su carácter firme.

Donald se me acercó al final de la reunión y charló conmigo brevemente. En esos pocos momentos, me di cuenta que teníamos mucho en común. Habló de las cosas que le interesaban: atletismo, Dios, el servicio cristiano.

— Joni, sigamos charlando. ¿Te puedo ver de nuevo?

— Seguro, puedes venir en cualquier momento.

Era una invitación de rutina. Se la había hecho a muchos otros que habían querido charlar conmigo, así que no esperaba que se presentara en la puerta de casa a primera hora del día. Pero eso fue lo que hizo.

— Alguien te busca. No sé quién es, ¡pero es realmente buen mozo! — dijo Jay en voz baja, mientras me despertaba.

— ¿Quién? ¿Qué hora es? — bostecé.

— Las nueve. Dice que se llama Don.

— Dile que bajaré en seguida. Dame tiempo a que termine de despertarme.

No siendo madrugadora, ésta era la hora que generalmente me levantaba.

Jay volvió a la sala y charló amablemente con él por unos minutos, luego se excusó para venir a ayudarme a vestirme y prepararme para el nuevo día.

— ¡Buen día! — dije alegremente, media hora después cuando Jay me condujo a la sala.

— ¡Hola! — dijo Donald; saltó de la silla y se me acercó —. Espero no estorbar, pero tú me invitaste ¿no?

— Claro que te invité. Generalmente comienzo el día a esta hora, así que no estás estorbando.

Donald comenzó a hablar. Cuando paró para respirar, era ya mediodía. Yo no había desayunado y estaba hambrienta, pero él no mostraba intenciones de dar por terminada la visita.

— ¿Te gustaría quedarte a almorzar, Donald? — le pregunté.

— ¡Eh, me encantaría!, si no es molestia.

Jay preparó el almuerzo y puso la mesa mientras conversábamos. En realidad, yo no hacía más que escuchar. Me contó acerca de él, de su familia, de cómo conoció al Señor, todo, lo referente a su trabajo entre los chicos negros de Pimlico, y de su ideas para el servicio cristiano.

— ¿Te gustaría quedarte a cenar, Donald? — preguntó Jay más tarde.

— Eh, me encantaría, si no molesto . . .

Conversamos durante la cena, y finalmente, cuando terminamos de cenar, Donald se levantó para irse.

—¿Puedo venir de nuevo a verte? —preguntó.

—Y... bueno —dije vacilante, pensando que se presentaría a la puerta la mañana siguiente—. Mañana tengo clase en la facultad.

—Déjame llevarte.

—Este... muchas gracias, Donald. Pero normalmente me lleva Jay. Ella conoce la rutina y todas mis necesidades.

—Bueno. Realmente he disfrutado esta visita. Repitámosla.

—Me encantaría.

Al día siguiente nos esperó a la salida de la facultad y pasó el resto del día con nosotros. Al comienzo estaba un poco desconcertada por lo que parecía una aproximación demasiado acelerada. Pero para el tercer día (cuando vino de nuevo a casa), me estaba comenzando a gustar.

En la siguiente sesión de líderes de *Young Life*, él estaba allí, sonriente, respetable, guapo. Durante el curso de la tarde, Diana y yo nos metimos en una amigable pero calurosa discusión sobre alguna insignificancia teológica, y muchos de los jóvenes tomaron posiciones y entraron en ella. Sin embargo, Donald pareció mantenerse al margen. Eso era raro, ya que había algunos cristianos nuevos en el estudio. Yo estaba segura que él intervendría para poner fin a la confusión que Diana y yo habíamos provocado con nuestro debate.

Finalmente terminó el estudio. Donald se levantó y me dijo:

—Joni, antes de que te vayas, busca 2 Timoteo 2:14 y léelo. Creo que te va a hablar al corazón.

Luego se fue.

Entusiasmada, busqué mi Biblia.

—¡Eh, hombre! ¿Por qué no me mencionó este versículo antes? —dije, pensando que se trataba de un versículo que me ayudaría a convencer a Diana que yo tenía razón.

Alguno encontró el versículo y me lo leyó: "Recuérdales esto, exhortándoles delante del Señor a que no contiendan sobre palabras, lo cual para nada aprovecha, sino que es para perdición de los oyentes." Quedé aturdida por el impacto de esa verdad y convencida de que esa tarde habíamos discutido por una pequeñez. Pero sobre todo, me sentí mal a causa de mi propia inmadurez.

No obstante, pronto se me hizo claro el otro lado de la moneda. Me dejó impresionada la madurez, la sensibilidad y la sabiduría de Donald. Vi en él un hombre de autoridad, y eso lo hizo cada vez más atractivo para mí. Durante los días que siguieron, pensé mucho en él.

En la reunión siguiente, nos saludamos e inmediatamente comentamos lo mucho que cada uno de nosotros estaba comenzando a significar para el otro . . .

—Joni, antes de ser cristiano, allí en el lugar de donde vengo, cada persona se ocupa sólo de sí misma, "la ley de la selva", ¿entiendes? Ahora hace algunos años que estoy en círculos cristianos. Pero es gracioso, hasta ahora nunca había visto a la gente demostrando tanto amor. Realmente me atraes.

—A mí también me gustas, Donald. Nadie antes vino a mí y comenzó una amistad con tanta facilidad. Generalmente se sienten desconcertados por mi silla de ruedas. Les lleva un tiempo pasar por alto el hecho de que soy lisiada. Cuando llegan a conocerme, se olvidan de la silla. Pero contigo, bueno, es como si desde el comienzo nunca la hubieras visto.

—No sé, Joni, supongo que es mi trasfondo, pero no puedo esconder ni mis sentimientos ni mis emociones. No trato de ocultarme tras de una jerga o actuar con hipocresía. Nunca podría engañarte, — me dijo.

—Me alegra que no andes con vueltas. Me gusta

cuando una persona no tiene miedo de decir lo que piensa — le contesté.

Nos conocimos mucho en las semanas y los meses que siguieron. Antes que terminara el verano, Donald me llevó a Ocean City. Se paró a la par de mi silla de ruedas, en el muelle, mientras respirábamos el aire fresco y salobre del océano y nos empapábamos del sonido de las gaviotas y del choque de las olas.

Me volvieron viejos recuerdos: el contacto de la arena en los dedos del pie y la estimulante frescura del oleaje salpicándome en el agua. Suspiré y me acomodé en la silla, lista para ver a Donald nadar y disfrutar vicariamente.

Pero de pronto, como si percibiera mi ánimo, comenzó a empujarme hacia la arena. Las ruedas se hundían, pero tenía fuerza y prácticamente aró un surco hasta la arena húmeda próxima a la orilla del agua. Allí estaba más compacto y la tracción era más fácil.

¡Donald no se detuvo! Continuó adelante con una controlada temeridad hasta que el agua me llegó a los pies.

— ¡Donald! ¿Qué estás haciendo? — grité.

La silla de ruedas estaba completamente metida dentro de la superficie ondulante del agua. Yo estaba aturdida y a la vez emocionada por la repentina sensación.

La gente en la playa miraba esta situación ridícula sin saber si intervenir y frenar a ese "loco" que "estaba tratando de ahogar a la pobre paralítica". Sin embargo, mi risa y mi obvia diversión los tranquilizó, y volvieron a sus propias preocupaciones.

Donald me levantó y me llevó en brazos hasta donde rompían las olas. No podía experimentar ninguna sensación, pero sabía que mi corazón latía locamente.

Después de esta experiencia en Ocean City, quedé en las nubes. Donald me había hecho sentir "normal" por primera vez desde mi accidente. La silla de ruedas no

173

era ningún impedimento en su camino; no había en él ni lástima ni una incómoda incertidumbre antinatural. Era firme, pero siempre amable, inspirándome seguridad. Sabía que él nunca permitiría que ocurriera algo.

Donald también hacía que me sintiera atractiva, femenina. Por primera vez desde mi accidente, me sentí mujer, atractiva para alguien que veía belleza en mí.

Con el cambio de estación, Donald comenzó a llevarme de picnic y paseos por la montaña. Empujaba la silla de ruedas lo más que podía por la senda. Cuando el camino se hacía muy angosto, simplemente plegaba la silla, me alzaba, y me llevaba hasta la cumbre de la montaña. Allí abría una manta, y comíamos unos sandwiches mientras mirábamos el panorámico paisaje.

Solíamos andar por horas, compartiendo la Palabra de Dios y lo que cada uno de nosotros había aprendido en nuestras experiencias de cristianos. Eran tiempos románticos, felices, espirituales. Y esto nos acercaba mutuamente.

Comencé a preocuparme por los profundos sentimientos que estaban creciendo en mí hacia Donald, y hacia dónde me llevarían esos sentimientos. Sabía que tenía que evitar dejarme envolver por ellos, dejarme arrastrar mucho, evitar tener demasiado interés en él. Cualquier cosa que no fuera una amistad "platónica", estaba fuera de toda consideración.

Para la primavera de 1971 pasábamos mucho tiempo juntos. Muchas veces me llevaba con él a su trabajo en la calle. Lo observaba tratar con los chicos, y me impresionaba más todavía como persona. Su firmeza de carácter lo hacía dominar cualquier situación que enfrentaba. Se sentía seguro sin ser dominante.

A pesar de mí misma, yo me estaba permitiendo acercarme más y más a él, dando lugar a fuertes lazos emocionales.

Un día que yo estaba afuera, pintando en el tibio sol

de primavera, Donald se inclinó sobre mí y me dijo suavemente:

—Joni, te quiero.

Enfrascada en la expresión espiritual y creativa de mi pintura, le dije:

—Yo también te quiero Donald —con el mismo tono con que diría:

—Sí, eres un buen amigo, Donald.

—Joni, creo que no entiendes —vaciló y me miró intensamente a los ojos—. Joni, ¡me estoy enamorando de ti!

Se inclinó para tomar mi cara entre sus manos y besarme. Yo estaba asustada. No podía besarlo sin medir la importancia de mis acciones. Un beso de otra mujer hubiera sido una simple demostración de afecto. Pero para mí, en una silla de ruedas, esto implicaba un compromiso mutuo... No quería imponer tal compromiso a Donald sin darle tiempo a pensar en las consecuencias.

—Mira, Donald, esto es...

—Pero yo te quiero.

—No, yo... no sé... —tenía miedo; cualquier relación basada en otra cosa que la amistad estaría fuera de toda consideración—. Tú, este... nosotros... no seremos capaces de manejar esta situación.

Por más confiado y seguro de sí mismo que fuera Donald, yo sentía muy adentro que incluso él, en definitiva, no podría manejarse con todas las complicaciones que presentaba mi parálisis.

Más tarde les conté lo ocurrido a Diana y a Jay. A medida que compartía con ellas mis sentimientos y emociones, se volvieron sobreprotectoras y cautelosas.

—Creo que no deberías ponerte en serio con Donald —urgió Jay—. Los dos van a terminar sufriendo.

—Joni —agregó Diana—, yo sé que él es sincero y

no se aprovecha de ti. Sé que es lindo estar con él, y puedo ver que realmente le gustas. Pero ¿amarte? Caramba, eso es otra cosa. Ten cuidado. Por favor, ten cuidado.

Trece

se mismo verano que conocí a Donald, Diana había conocido a un joven llamado Frank Mood, y se había enamorado de él. Diana y Frank se casaron en junio de 1971, y se instalaron en una casa cerca de nuestra casa de campo de Sykesville. Por la misma época, Jay me invitó a ir a vivir con ella en la casa familiar que teníamos en el campo. Era una casa de madera y piedra, construida hacía doscientos años, que hasta hacía una centuria había sido una vivienda de esclavos, y que papá había refaccionado. Era una cabaña rústica, de dos dormitorios, emplazada sobre la loma que dominaba la vista pintoresca del valle del río. Vivir en esa casa significaría poder pasar tiempo con Jay, Diana y Frank, o con Kathy y Butch, y todos compartirían la atención de mis necesidades.

Cuando estuvo decidido que viviría con Jay, papá agregó un ala a la casa. Era una pieza grande, planificada para el mismo tipo de idas y venidas, y entretenimientos de amigos como en la casa de Woodlawn. En la esquina había un hermoso hogar. Las paredes externas tenían grandes ventanales para dejar entrar la luz y la belleza del paisaje. Las paredes interiores tenían paneles de madera hechos a mano por él. El centro de la gran pieza estaba dominado por una gran mesa de roble, donde parecían centrarse todas nuestras actividades.

Había amado esa casa en mi niñez; ahora la amaba

aun mas. Traía un sentimiento de belleza y tranquilidad a mi vida.

A Donald también le gustaba la casa, y pasaba más y más de su tiempo aquí conmigo. Juntos hicimos viajes a Ocean City, picnics, paseos en las montañas, y otras salidas. Nunca me preocupaba de ir con él a ninguna parte porque sabía que podía manejar cualquier emergencia. Era lo suficientemente fuerte como para cargarme él sólo; me ayudaba a comer y beber, vaciaba mi bolsa urinaria, y sabía colocarme en la silla.

Yo me sentía relajada y tranquila con él. Nunca se sintió molesto por el aspecto físico de mi impedimento y nunca se molestó por la silla misma. Me trataba normalmente, bromeaba, jugaba, me desafiaba y me provocaba como si yo no fuera paralítica.

Si alguno puede manejar los problemas físicos y sicológicos de mi parálisis, es Donald, pensaba. La posibilidad de que un hombre entrara a formar parte de mi vida, no como un hermano en Cristo sino con un interés romántico, me asustaba y a la vez me emocionaba.

Diana y Jay volvieron a aconsejarme que no me dejara envolver en forma romántica con Donald. Más adelante Diana me dijo que había tenido una charla similar con Donald, sobre el mismo asunto.

— Donald, quiero que sépas que Jay y yo estamos preocupadas por lo que está pasando entre tú y Joni — le previno Diana con cautela.

— ¿Preocupadas? — preguntó él.

— Sí, lo están tomando muy en serio. ¿Has pensado en lo que esto significa para Joni?

— Sí, lo he hecho — contestó Donald —. He pensado muy seriamente en lo que está pasando. No la alentaría así si no fuera que lo tomo con seriedad. Diana, me estoy enamorando de Joni.

— Pero Donald, normalmente, cuando dos personas se enamoran, hacen planes para casarse y para pasar el resto de su vida juntos.

— Sí, lo sé, Diana. Sé todos los problemas. He pensado y orado acerca de todos los problemas de tal relación. Conozco las consecuencias que traería casarnos. Pero puedo manejar la situación. ¡Me casaría ahora mismo con ella si ella estuviera de acuerdo!

Cuando Diana me contó la conversación, todavía no estaba convencida.

— Joni, realmente estoy contenta por ti, pero . . .

— Yo sé, Diana — la tranquilicé —. Yo también estoy llena de emociones encontradas. Por un lado estoy segura de que lo quiero, y creo, realmente lo creo, que si hay alguien que es capaz de manejar un casamiento así, ése es Donald. Por el otro, creo que es probablemente imposible que alguien pueda enfrentar esto . . . ¡Supongo que es de esa incertidumbre de la que me quiero proteger!

— ¿Lo quieres?

— Sí, creo que sí. Me asusta la situación. Pero ¿sabes?, ¡me gusta!

A medida que crecía nuestro amor, yo seguía midiendo las implicaciones de tal relación.

— Estamos enfrentando un compromiso terriblemente importante, Donald — le dije un día mientras íbamos a ver un partido de *softball.*

— Lo sé. Pero somos capaces de manejarlo, Joni. Los dos tenemos un espíritu independiente y decidido. Podemos hacerlo.

— Pero casarnos . . .

— No está más fuera de consideración que cualquier otra cosa. Yo podría cuidarte, bañarte, preparar las comidas, limpiar la casa. Podríamos conseguir una casa móvil para que todo sea compacto y fácil de manejar. Cuando podamos enfrentarlo, podríamos conseguir algo mejor, tal vez alguien para ayudar con la comida y la limpieza. Mientras tanto, yo podría hacerlo. Podría cuidarte...

Nos acercamos al parque y estacionamos el automóvil.

— Pero nunca podría ser realmente feliz sabiendo que no voy a poder ofrecerme a ti completamente como esposa. Quiero prepararte las comidas, ocuparme de tus necesidades. Quiero poder expresar mi cariño y mi ternura plenamente como mujer.

— Bueno, supongo que soy un hombre liberado. Cocinar y cuidarte no va a ir en contra de mi masculinidad. Y respecto al sexo, bueno... he oído decir que se exageran sus misterios — sonrió —. No te preocupes, Joni. El sexo no es tan importante.

Yo seguía insegura. Sentía que el sexo era, verdaderamente, una parte importante del matrimonio. Pero a medida que sopesaba el problema, terminé por pensar: *Tal vez Donald tenga razón, después de todo si él dice que puede hacer frente a los problemas, le creo. He aprendido a confiar en su juicio.* También recordé las conferencias que nos daban a los parapléjicos y cuadripléjicos en El Rancho Los Amigos, durante mi rehabilitación. Los doctores nos daban instrucciones acerca de la posibilidad de hacer el amor, incluso acerca del hecho de poder tener hijos... Que nuestros cuerpos estuvieran paralizados sólo significaba que no teníamos sensaciones físicas, pero el funcionamiento no estaba dañado.

— Pero sabes... no puedo sentir nada — le recordé a Donald —. No creo que tenga realmente la libertad para satisfacerte. Me sentiría atrapada por mi cuerpo, sin posibilidades de expresar mi amor y mi ternura en forma que satisfaga tus necesidades. ¡Los dos nos veríamos ahogados por la mutua frustración, toda la vida!

— Te dije que no importaba.

Luego, sacó la silla del auto y me colocó en ella, continuando:

— La gente vive con peores problemas. Además, los podremos resolver.

— Yo . . . yo no sé. Supongo que sí. Si tú me dices que puedes manejar este tipo de matrimonio, tendré que creerte. Y . . . supongo que puedo entregarme a ti.

Donald sonrió tiernamente y asintió. Sin preocuparse de los jugadores de *softball*, inclinó su rostro hacia mí y me besó. Esta vez, sentí que su gesto estaba enriquecido con un sentido de compromiso mutuo. Y esta vez, le devolví el beso con un hondo sentimiento de entrega y esperanza. La cabeza me flotaba de emoción y alborozo mientras me conducía hacia las gradas.

¡Esto es demasiado bueno para ser verdad! Donald vino a mi vida en el preciso momento en que Diana, mi mejor amiga, se esta yendo de ella, para casarse e iniciar su propia familia.

Dios me había dado alguien para quien yo realmente contaba. Alguien que creía sinceramente en la idea de pasar el resto de su vida conmigo.

— Este es el más alto plan de Dios para mí — comenté con Jay cuando volví a casa esa noche —. Es ese "bien" que Dios ha preparado para mi vida. Después de todos estos años de paciencia, en que acepté mi destino como lisiada, y especialmente como soltera, Dios está ahora premiando mi paciencia y mi fe. ¡Donald es la respuesta a mis oraciones!

Estaba delirante de felicidad. Incluso antes de mi accidente, nunca había estado tan feliz. Conversábamos con entusiasmo sobre compartir la vida, sirviendo juntos a Cristo.

Mientras pensaba en esto y sobre cuál sería la voluntad de Dios al respecto, buscaba apoyo en las Escrituras. En cada hoja que doblaba, los versículos saltaban a la vista confirmando mis esperanzas.

"No quitará el bien a los que andan en integridad."

"Toda buena dádiva y todo don perfecto desciende de lo alto."

— Donald es mi "buena dádiva", mi "don perfecto", de Dios — le dije a Jay.

Ella movió la cabeza.

— No sé, Joni. No saques conclusiones más allá de lo que está escrito.

Escribí una canción expresando mis esperanzas y le di el poema a Donald.

Me desperté esta mañana, con la vista de la luz — luminosa, dorada, suave — y sentí que correspondía darle gracias a mi Dios por la mañana — y tú.

Acostada aquí, jugando con el sueño, entre apagados y difusos colores — sonriendo, continúo, alabando a mi Dios por la noche — y tú.

Una caravana de ideas dan lugar a mis sueños del pasado y del futuro — y siento que finalmente alabo a mi Dios por el presente — y tú.

Estaba tan feliz. Nunca imaginé que alguien pudiera amarme como mujer mientras estuviera en la silla de ruedas. Supongo que fue por eso que estaba tan conmovida y emocionada cuando realmente ocurrió.

🙂 🙂 🙂

Ese año, justo antes de la Navidad, Donald y yo tuvimos nuestra primera discusión. Estábamos pasando mucho tiempo juntos, y yo comencé a volverme posesiva, incluso me molestaba cuando tenía que hacer trabajos. Quería pasar todo el tiempo con él. Quería que su vida girara alrededor mío.

Cuando venían a visitarme chicas jóvenes y bonitas de la iglesia o de grupos de jóvenes, me ponía celosa cuando ellas charlaban o se reían con él. Me volví envidiosa porque yo no estaba de pie, para competir con ellas por su atención.

Se me hizo cada vez más difícil concentrarme en la Palabra de Dios y tener una vida de oración y devoción. Resultaba difícil hablar de cosas espirituales después de haber discutido acerca de . . . "¿por qué no viniste anoche?" Como resultado de eso mi vida de oración se fue perdiendo hasta que terminó en la nada.

Mis sentimientos hacia él se volvieron acaparadores.

Donald reaccionó verbalmente con energía. Me recordó que yo estaba actuando tontamente, como una niña caprichosa. Le pedí perdón, y le dije que no volvería a ser tan acaparadora de su tiempo y sus afectos; pero por alguna razón seguí cediendo a estos miedos irracionales.

Donald decidió que ambos necesitábamos un descanso, así que planeó hacer un viaje a Europa en enero de 1972. Yo me resistí, y tomé sus planes como un reproche hacia mí, como si quisiera alejarse de mí por alguna razón.

— Sólo pienso que necesitamos un tiempo para estar solos, Joni — me explicó —. No saques conclusiones equivocadas. He querido hacer este viaje desde hace mucho tiempo. Probablemente nunca volvamos a tener una oportunidad como ésta con los muchachos.

Dickie, y Dave Filbert fueron a Europa con él. En mi interior yo tenía todo tipo de miedos irracionales. Por primera vez tenía miedo por nuestra relación. *¿Y si me deja? ¿Y si realmente no lo puede enfrentar? ¿Y si no sale a flote?* El viaje a Europa duró unas tres semanas. Durante este tiempo recibí cartas y postales desde Suiza, Alemania, Francia, y otros lugares que visitaron. Los mensajes eran todos iguales: que me extrañaba, que me quería, y deseaba que estuviera con él.

Cuando volvió de Europa, entró corriendo a casa.

— Te extrañé tanto, estaba ansioso por volver — exclamó.

Volvió más amante y sensible que nunca.

Donald y yo comenzamos a hablar sobre la posibilidad de que recobrara la salud. Hasta ahora, yo había aceptado mi situación. Pero mi deseo de ser una mujer completa me condujo a reclamar promesas que yo creía que Dios había puesto en su Palabra para mí. *Después de todo*, razonaba, *Dios permite que tengamos experiencias de sufrimiento y enfermedad para enseñarnos. Yo he aprendido mucho a través de mi accidente. Pero ahora que he aprendido lo que él había determinado que aprendiera, ¡tal vez pueda curarme!* Esto iba a ser una nueva aventura de fe, la próxima etapa de evolución espiritual para mí.

Por supuesto, fisiológicamente, no podía curarme; mi lesión era permanente. Sin embargo, sabía que no había nada imposible para Dios. ¿Acaso a través de Cristo no sanó parálisis y enfermedades? Incluso levantó muertos.

Todavía hoy hay milagros de curación. Yo había oído de muchos casos de enfermedades o lesiones "permanentes" o "incurables", o "fatales", que habían sido sanadas.

Donald y yo leímos en Santiago y otros pasajes, concentrándonos en la idea de que la voluntad de Dios era que me sanara. El Señor parecía hablarnos a través de Juan 14 y 15 y de muchos otros pasajes, y oramos con renovado entusiasmo y agradecimiento.

Sabíamos que encontrar la voluntad de Dios era asunto de circunstancias, fe en el amor de Dios, en la certeza de su Palabra y dependencia en el poder del Espíritu Santo. Había un nuevo optimismo en la posibilidad de pasar nuestra vida juntos.

— ¡Estamos absolutamente seguros de que Dios quiere sanarme! — le dije a Diana.

— Joni, creo que todo este asunto se está yendo de las manos. Están queriendo obligar a Dios, lo están chantajeando. No están siendo realistas acerca de esto — me contestó.

— Diana, me sorprende que digas eso. Yo creía que tenías más fe. Debes tener fe en que Dios quiere curarme, realmente — le dije a modo de reproche.

Donald y yo oramos para que Dios manejara las circunstancias de modo que pudiéramos confiar en él.

Comencé a informar a mis amigos que Dios estaba por curarme pronto. Cada vez que Donald y yo estábamos juntos, orábamos para que fuera así.

—Señor, tenemos fe. Creemos tu Palabra de que quieres que seamos sanos, para servirte mejor —oraba Donald.

—Gracias por las lecciones de fe y paciencia que me has dado a través de mi sufrimiento. Señor. Y gracias por lo que te propones hacer para traer gloria a través de mi curación, de acuerdo a tus promesas —agregaba yo.

A medida que orábamos por este asunto, hicimos planes para ir al servicio de un iglesia donde se practicaba el ministerio de sanidad señalado en Santiago 5.

Varios amigos me llevaron a la iglesia. Los ancianos vinieron y me impusieron las manos y me ungieron con aceite, de acuerdo al mandato escritural. Leyeron promesas de la Biblia y oraron por mí.

Con toda la fe, la devoción y el compromiso espiritual que podíamos encontrar en nuestras reservas interiores, Donald y yo oramos y seguimos confiando.

Yo no anticipaba una cura inmediata, pero sí una lenta recuperación, ya que mi rehabilitación había llevado casi dos años. Era lógico suponer que Dios me restauraría gradualmente, razonaba.

Pero después de varios intentos y muchos servicios de sanidad, se hizo obvio que yo no me iba a sanar. Pude aceptar esa realidad, pero me sentía frustrada, probablemente más por Donald que por mí. Donald estaba silencioso, pero intenso. Parecía estar cuestionándolo todo, reevaluando todo lo que había pasado. Era difícil, especialmente para él, después de haber confiado tan absolutamente en esa oración de fe que "no había sido contestada". Se lo veía cautelosamente introspectivo, y empezó a pasar más tiempo lejos de mí. Me volví a resentir por esto, sintiéndome celosa de su tiempo.

Cuando Steve volvió a casa durante las vacaciones, él, Diana y yo discutimos las posibles razones por las que Dios no había contestado nuestras oraciones.

— ¿Por qué piensas que Dios no quiso sanarte? — preguntó Diana.

— No lo sé.

Steve intervino:

— Sabes, estaba pensando eso cuando leí Hebreos 11 hace poco. ¿Conocen el pasaje?

— Sí, habla de la gente de fe — le contesté.

— Bueno, también dice que hay dos categorías de personas, aquellos cuya fe fue premiada y aquellos que no tuvieron recompensa. A algunos les ocurrieron todo tipo de milagros y cosas fantásticas. Otros fueron "aserrados por la mitad", "no vieron las promesas" o no experimentaron una recompensa visible.

— ¿Y tú crees que yo estoy en la última categoría? — pregunté.

Steve se inclinó hacia adelante para enfatizar este punto. — Sí . . . pienso que sí. Por ahora al menos. Pero no para siempre. 2 Corintios 5 habla de la gloriosa resurrección del cuerpo que tendrás algún día, en lugar de un cuerpo inútil y doliente. Estamos viviendo en "tabernáculos" ahora, moradas temporarias. Pero algún día viviremos en templos, cuerpos celestiales, perfectos y permanentes.

— ¿Qué pasa entonces con esos versículos que leímos acerca de la fe? — protesté.

Steve me tomó la rodilla para enfatizar sus palabras, como si yo pudiera sentirlo.

— ¡Pero si eso es lo que estoy tratando de decir! ¿Recuerdas lo que te dijo el que sanaba por fe: "Creo que es la voluntad de Dios que seas sanada"?

— Sí.

— Bueno, yo también lo creo. Creo que es la voluntad de Dios que todos se sanen. Pero tal vez lo que no podemos aceptar es su "agenda". Creo que es su voluntad, pero aparentemente no tiene prioridad sobre otras cosas. Vas a ser sanada, pero probablemente no antes de que recibas tu cuerpo glorificado.

— Pero Dios sana a otra gente — protesté.

— Sí, lo sé. No cuestiono su soberanía en esto — respondió.

Diana agregó:

— Pero cuando Dios restablece a alguien sobrenaturalmente, debe tener razones para hacerlo. Por ejemplo, parece haber muchos casos de curaciones milagrosas en culturas ajenas, donde trabajan los misioneros. Cuando la gente no tiene la Palabra de Dios, tal vez necesita pruebas más obvias, sabes, como "señales y milagros", para atraerlos a Cristo.

— Si, podría ser — contesté.

Steve continuó diciendo:

— En nuestra cultura, no sería apropiado ni necesario. La prensa escandalosa y sensacionalista cambiaría el foco de interés y distorsionaría toda la información. Dios no recibiría gloria y todo su propósito quedaría perdido.

— Supongo que ésa es la forma en que funciona — observé.

Diana asintió.

— Es una peligrosa falta de comprensión de la Biblia decir categóricamente que es la voluntad de Dios que todos estén sanos.

— Cierto. Buscamos la perfección, pero no la hemos logrado todavía. Todavía pecamos. Todavía nos resfriamos. Todavía nos rompemos piernas y cuellos — dije —. Cuanto más lo pienso, mas me convenzo de que Dios no quiere a todos sanos. El usa nuestros problemas para su gloria y para nuestro bien.

A medida que pensaba en esto, recordé muchas buenas familias tocadas por la tragedia y la enfermedad.

Muchas que verdaderamente aman a Dios son afligidas más que ninguna y caen en esta categoría.

El trato del hombre con Dios en nuestros días y en nuestra cultura se basa más bien en la Palabra, que en "señales y milagros".

— Sabes — dijo Steve — no hay diferencia en cuanto al poder de Dios realmente. Tal vez tú tienes más motivos de credibilidad a causa de tu silla de ruedas que si no estuvieras en ella.

— ¿Qué quieres decir?

— ¿Recuerdas la palabra griega para el poder de Dios? Creo que es *"dunamos"*.

— Sí, de allí viene la palabra *¡dinamita!*

— Y también dínamo — dijo Steve —. Ambas significan gran poder. Una es energía explosiva. La otra es poder controlado, aprovechable. Una experiencia de curación sería como una descarga explosiva de la energía de Dios, que te saque de la silla de ruedas. Pero quedarse en la silla demanda más poder también, energía controlada fluyendo a través tuyo que te hace posible soportar.

En los meses siguientes, Donald y yo hablamos de esto y de muchas otras cosas; pero algo que ahora evitábamos, era hablar de nuestro futuro.

Luego, un día que vino Donald, sentí un silencio poco natural, una atmósfera tensa. Finalmente, en voz baja, me dijo:

— Joni, voy a ser consejero en un campamento de *Young Life* en Nueva York este verano. Salgo mañana. Sólo quería venir a decirte adiós.

Pensé: *Está bien. Las cosas han estado algo amargas en nuestra relación últimamente. Ambos necesitamos un respiro, como el viaje a Europa.* Pero estaba perpleja por la inflexión decisiva que Donald le había dado a la palabra *adiós.*

— ¿Qué quieres decir con "adiós"? Te irás por varias semanas, pero . . .

— No, Joni. Ese es el asunto. Lo siento. Nunca deberíamos haber permitido que nuestra relación llegara a este punto. Nunca debí haberte besado. Nunca debimos haber compartido lo que compartimos. Nunca debimos haber hablado ni soñado con el matrimonio. Fue todo un error.

— ¿Un error? ¿Qué quieres decir? Tú fuiste el que me buscó. Yo era la que no quería dejarme envolver. Tú me besaste y me abrazaste. Yo pasé del temor a la esperanza porque tú me dijiste que me querías, que querías que construyéramos una vida juntos. Donald, he compartido cosas tan profundas contigo . . . más de lo que compartí con mi propia familia. Y tú te marchas, ¿así simplemente? ¿Ahora dices que fue un error . . . que tú estuviste solamente dejándote llevar . . .? — mi voz se quebró mientras trataba desesperadamente de juntar las palabras y las ideas.

Lágrimas calientes, de ira y frustración, me hicieron sentir deseos de abalanzarme sobre él y golpearlo con los puños. Todo lo que podía hacer era estar allí sentada, y sollozar.

— No te estaba estimulando por gusto, lo juro — dijo Donald con firmeza —. Creí sinceramente que podría dar resultado. Pero estaba equivocado. Es imposible. Es todo un error.

Ay, querido Dios, ¿qué es esto? ¿Está sucediendo realmente? Me invadió el pánico al pensar en Donald, cruzando la pieza y diciéndome adiós. *¿Qué es lo que ocurrió?* Entró en mi vida y me hizo sentir tan atractiva y deseable . . . *una mujer.* Pensaba que nadie podría tener tanto interés en mi como el que él tenía. No creía posible que yo pudiera amar a alguien tan profundamente como lo amaba a él.

Traté de dejar de llorar.

— Tal vez necesitas tiempo para recapacitar . . .

— No, Joni. He pensado seriamente acerca de lo que

estoy haciendo. No hay vuelta. Se terminó todo. Lo siento.

Con eso, se volvió y caminó hacia la puerta.

— ¡Donald! ¡No me dejes! ¡Donald, espera!

— Adiós, Joni — dijo suavemente y cerró la puerta tras él.

— ¡No! Ay, mi Dios . . . ¿por qué permites que esto ocurra? ¿Por qué me estás lastimando de esta manera?

Catorce

Así, con un simple "adiós", Donald partió de mi vida. En mi corazón y mi mente rugía una tempestad. ¿Cómo podía ser tan cruel después de haber sido tan amante y tierno?

Sin embargo, después que recobré mi compostura, vi que él no había querido ser cruel. Ese era simplemente su estilo: sin jerga, sin hipocresía, como había dicho.

Cuando se fue, supe que se iba definitivamente. No me dio falsas esperanzas, ni falsas impresiones. A la larga era el método menos penoso de todos los que hubiera podido usar.

Supe que Dick y Donald, buenos amigos desde la época del colegio, habían compartido entre ellos el problema. Dick, quien había tenido una confusión similar en su relación conmigo antes, había aconsejado a Donald que no dejara que sus sentimientos hacia mí se le escaparan de las manos.

— Sé exactamente por lo que está pasando Don, — me dijo Dick más tarde —. Yo estaba confundido y roto por dentro después que me escribiste desde California, que querías que fuéramos "sólo amigos". Sabía lo que hacías, pero entonces estaba, y todavía lo estoy, muy enamorado de ti. Pero también sé que tienes razón acerca de lo que significa ser realmente capaz de enfrentar tu lesión. Pero estaba deseoso de que diera resultado. Tal vez tú me conocías mejor que yo; tal vez no creíste que yo

191

pudiera estar a la altura de esto. No sé. De cualquier manera, como hemos sido solamente "buenos amigos" los dos últimos años, me alegré por ustedes dos, cuando Donald y tú se enamoraron. Oré para que él fuera capaz de hacer todo lo que yo no hubiera podido, y para que realmente fueran felices juntos.

—¿Entonces qué es lo que anduvo mal? —le pregunté.

—No lo sé. Comencé a ver a Donald hacerse preguntas en cuanto a la relación de ustedes. Varias veces me confesó que deseaba no haber permitido que sus sentimientos hacia ti se escaparan de su control. Supongo que él siendo mayor que yo y probablemente más sabio, vio lo que tú viste en mí: que muchos muchachos a la larga, no podrían enfrentar la silla de ruedas. O al menos, parece que Donald y yo no podemos.

Mi herida se hacía cada vez más dolorosa mientras continuaba escuchando hablar acerca de los sentimientos de Donald. Este les escribía cartas a chicos que habíamos estado aconsejando juntos. Me sentí irritada y resentida cuando recibían cartas de él y se mantenían próximos a Donald mientras que yo no lo estaba.

Se me había aconsejado que no dejara que mis sentimientos por Donald se me fueran de las manos. Diana y Jay me habían advertido muchas veces que tuviera cuidado, pero yo no había escuchado. Ahora mis esperanzas e ilusiones de matrimonio estaban rotas.

¿Por qué Dios? No entiendo por qué. Mis reacciones incluían cólera hacia Donald, autocompasión, celos y resentimiento contra los amigos que todavía se mantenían cerca de él. Una joven estudiante de la secundaria, que hacía poco que era cristiana, a quien ambos habíamos aconsejado, vino a casa para leerme una carta que había recibido de Donald, en la que decía que Dios estaba obrando en su vida de forma muy particular. Ella, por supuesto, no sabía lo que había pasado entre nosotros. Simplemente vino para compartir la carta alenta-

dora y llena de noticias que Donald le había mandado. Me llenó de envidia escucharla y lágrimas ardientes me asomaron a los ojos.

Cuando ella se fue y quedé sola, sentí vergüenza de mi actitud. No estaba manejando esta "irritación" con la respuesta adecuada. Busqué un pasaje familiar de la Escritura para consolarme: 1 Corintios 13, el capítulo acerca del amor en la Biblia. Pero mi mente hacía trampas con las palabras.

"Si yo hablase lenguas humanas y angélicas y tengo *codicia*, vengo a ser como un metal que resuena, o un címbalo que retiñe. Si yo tuviese profecía y una fe absoluta, y soy codiciosa, nada soy. Si repartiese todos mis bienes y entregase mi cuerpo para ser quemado, y siento codicia, de nada me sirve. La codicia es rápida para perder la paciencia, es posesiva, trata de impresionar a los otros y tiene grandes ideas acerca de su propia importancia. La codicia tiene malas actitudes y persigue intereses egoístas. Es muy irritable . . ."

Sustituyendo la palabra "amor" por "codicia", supe lo que había andado mal en nuestra relación. Había codiciado a Donald, su tiempo, su atención, su presencia, porque creía que tenía derecho a hacerlo. Comprendí lo que era la codicia apasionada y consumidora. Eran los deseos que yo no quería negarme. Pero al final perdí todo lo que había tratado de controlar egoístamente.

Ahora la verdad de 1 Corintios 13 se me hizo evidente. El verdadero amor no es egoísta; es disciplinado, sincero, tiene control sobre sí mismo, es paciente y bondadoso.

Comencé a llorar amargamente en mi confusión y mi dolor. Esta vez, sin embargo, mi dolor me condujo al Señor en lugar de caer en la autocompasión y de centrarme en mí misma. Volví a leer los pasajes de la Escritura que me habían ayudado a superar los desalientos anteriores.

Decidí que no escucharía el canto de los pájaros. Me recordaba las épocas hermosas en que Donald y yo íbamos a los bosques para tener un silencioso retiro, y ésta era la única forma en que lo podía alejar conscientemente de mis pensamientos. Ya me era demasiado difícil estar al aire libre con todos esos recuerdos. ¿Cómo puedo describir mis sentimientos? Por un año mi mente había estado esperando el cumplimiento de un ideal, mi casamiento con Donald; y había creído que nuestros planes eran parte de la perfecta voluntad de Dios para nosotros. Luego, en un brevísimo momento, mi sueño se desintegró ante mis ojos en una forma tan completa, que no me quedó ni una llama de esperanza que pudiera ser revivida.

Recordé la mención de Steve acerca de Lamentaciones 3. Una vez me había dicho:

—Joni, Dios debe tener sus razones. Jeremías dice que es bueno que el hombre "soporte el yugo" durante su juventud. Tal vez tu vida va a tener mucho más valor en los próximos años porque estás pasando por esta experiencia ahora.

—Señor —oraba—. ¿Qué está ocurriendo con este "don perfecto", acerca del cual leí en tu Palabra? ¿Qué estás haciendo?

Recordaba pasajes de los evangelios en los que Pedro y Juan les hicieron preguntas a Jesús tal como yo lo estaba haciendo. "¿Qué a ti?", había sido la respuesta simple y rotunda del Señor. Jesús no le hizo mimos a Pedro ni le permitió caer en la autocompasión. Lo que el Señor dijo, en esencia, fue: "¿Qué les preocupa? No importa. Pongan sus ojos en mí." Comprendí que la verdad de Dios no siempre es cómoda o agradable. A veces su amor por nosotros implica severidad o una firme represión.

Leí otros versículos: "Reciban las aflicciones como si fueran amigos", decía el apóstol Santiago, recordándome las lecciones que Dios ya me había enseñado en el hospital y durante los años que siguieron. "Den gracias en todo . . .", y "Todo obra para bien . . ."

Me esforcé en volver a la Palabra de Dios. No hubo ninguna prolongada autocompasión, ningún baño de lágrimas. Dios estaba simplemente dándome otra prueba, una prueba de fuego, para mostrarme la realidad de su verdad, su amor, sus propósitos.

Las cartas de Donald a nuestros amigos en común eran vibrantes de testimonio de la obra de Dios en su vida. A medida que las semanas se hicieron meses, siguió escribiendo de su crecimiento y de su progreso espiritual. Después del largo verano, escribió a unos amigos contándoles de una hermosa joven que había conocido durante su trabajo en los campamentos.

Sentí una punzada de dolor al recibir la noticia de que Donald se había enamorado de otra mujer. Pero el Señor parecía decirme: "¿Qué a ti?"

Le escribí a Steve, en el Instituto Bíblico, y dejé desbordar mi corazón. Me contestó asegurándome de su preocupación y de sus oraciones. Terminó la carta con una promesa del Salmo 40, que dice que la verdad y la bondad de Dios nos protegerán continuamente . . . así, cualquiera sea el sufrimiento implicado en este proceso de aprendizaje, Dios siempre nos trata con amor. Este, y otros pasajes me sostuvieron durante ese difícil período.

Me costó mucho aceptar la idea de que Donald no representaba la voluntad de Dios para mí. Su "don perfecto" para mí. *"Pero, Señor, si no es Donald, supongo que tienes alguien o algo mejor para mí. Voy a confiar, a confiar en ti para que lo traigas a mi vida."* Recordé haber oído a un predicador decir: *"Dios nunca cierra una puerta sin antes abrir una ventana; siempre nos da algo mejor cuando nos quita algo".*

Tomé esta promesa al pie de la letra. Es obvio, mirando ahora atrás, que Dios realmente sabía lo que era mejor. Había forzado las circunstancias, la Escritura, y todo lo demás, para hallar el "verdadero significado" que mostrara que Donald era parte de mi vida. Era fácil decir: "Dios nos quiere felices, ¿no es cierto?", y luego torcer los versículos para hacerlos encajar en mis propósitos. Supongo que durante todo el tiempo yo intuí que nuestra relación no iba a marchar, pero insistí en la idea de que era la voluntad de Dios que Donald construyera su vida alrededor mío.

Después de mi accidente, me había apegado a Dick, luego a Jay, a Diana, y ahora a Donald. Necesitaba de su amor y su apoyo para satisfacer mis necesidades afectivas. Ahora, sin embargo, me sentía libre. Era como si por fin hubiera logrado la independencia emocional, a través de la completa dependencia de Dios. Un día, sentada afuera en mi silla de ruedas, estaba reflexionando silenciosamente acerca de estas cosas. *Señor,* oré, *me hubiera gustado ver esto antes; me hubiera gustado recordar que tu gracia es suficiente para mí.* Sentada allí, en la silenciosa pradera llena de árboles, versículo tras versículo venía a mi mente para consolarme. *Por favor, Señor, hazte real para mí en este mismo momento.*

Una paz mental y una profunda alegría invadieron mi mente y mi alma. Luego miré hacia arriba. Casi como un símbolo del amor y la protección de Dios, una mariposa, bajando desde bien arriba entre los árboles, revoloteó muy cerca mío. Fue a la vez algo inusitado y bello.

"Señor, gracias por tu bondad. El mandar esa mariposa en este preciso instante fue una forma creativa e ingeniosa de demostrar tu silenciosa y comprensiva presencia." Me prometí pensar en la bondad de Dios cada vez que viera una mariposa.

Reflexioné mucho acerca de este verano tan extraño y difícil, durante largos ratos con el Señor al aire libre.

Ansiaba estar afuera y meditar en sus propósitos, así que para estar ocupada en esos momentos, dedicaba todo mi tiempo a mi arte, y volví a encontrar un renovado interés por el dibujo. Y parecía que mi arte progresaba. Había una cualidad que no tenía ante No sabía qué era, pero otros también notaron la diferencia.

Fue una lenta transición, pero no tan difícil como yo esperaba. Vi a Donald bajo una nueva luz, con una mayor comprensión. El había hecho lo correcto y lo mejor a su alcance, aun cuando nos había dolido a los dos, ya que ahora sabía que le había dolido a él tanto como a mí.

Fuimos ciegos en ver las serias consecuencias de lo que una relación así significaría. Cuando estamos enamorados, nuestro amor se expresa en acciones. Pero si no hay hacia dónde ir en la realidad, entonces las ideas esperanzadas y las fantasías nos convencen de que "todo se va a solucionar". La gente nos previene, pero elegimos no hacerle caso.

Mucha gente joven ignora la realidad. Saben que algo es malo, que una determinada relación no va a tener éxito, pero siguen adelante a pesar de todo, como nosotros también lo hubiéramos hecho, convencidos por nuestras ilusiones.

Ahora miro hacia atrás y agradezco al Señor por nuestra relación. Hay tantas cosas que nunca hubiera aprendido si Donald no hubiera venido a mi vida y me hubiera dejado; así que doy gracias a Dios por esta experiencia. Estoy especialmente agradecida a Dios porque me ayudó a superar la separación, sin prolongados sentimientos de amargura o desesperación.

Incluso he podido aceptar el nuevo amor de Donald, con sincera alegría de saber que él también ha encontrado finalmente la perfecta voluntad de Dios para su vida. En un estudio bíblico una noche, se me acercó un amigo. Con vacilación, me dijo:

—Joni, quiero decirte algo antes que lo oigas en boca de algún otro.

—Jimmy, no tienes que decirme nada más. Lo sé.

—¿Lo sabes? ¿Sabes que Donald está comprometido? ¿Cómo?

—No sé —sonreí—. Supongo que simplemente lo supe. Eso es todo.

Estaba asombrada de la facilidad con que Dios me ayudó a enfrentar lo que hubiera sido un encuentro doloroso y difícil. Y cuando Donald trajo a Sandy, una hermosa y joven viuda que había perdido a su esposo en un accidente, tres semanas más tarde al estudio bíblico, nos sentamos juntas.

Ella sabía acerca de mí. En cualquier otra ocasión, esto hubiera sido una situación poco natural, por no decir otra cosa. Pero me volví hacia ella, una mujer alta y bella, con facciones oscuras que complementaban la buena figura de Donald, y le dije:

—Sandy, estoy realmente contenta de conocerte. Quiero que sepas lo sinceramente feliz que estoy por Donald y por ti.

Sonrió agradecida.

Le dije:

—Oro por ustedes todas las noches. Alabo al Señor por lo que ha hecho en las vidas de ustedes y en la mía. Estoy realmente entusiasmada por ustedes dos . . . especialmente por el interés que tienen en servir a Cristo.

Y realmente creía cada una de las palabras que le dije.

Los amigos y los miembros de la familia que sabían lo mucho que habíamos significado Donald y yo, el uno para el otro, estaban asombrados de mi actitud. Habían esperado que me desintegrara. Y probablemente me hubiera destrozado, de no haber permitido a Dios que manejara la situación.

Comencé a ver el sufrimiento en una nueva luz, no como una desgracia para evitar, sino como una oportunidad para "aprovechar", ya que Dios da tanto de su amor, de su gracia, y de su bondad, a aquellos que lo desean.

Mi vida cambió más durante la última mitad de 1972 que en cualquier otro período, incluso mis cinco años anteriores en la silla de ruedas.

Cuando Donald se fue de mi vida, no quedó nadie en quien podía poner mi confianza, salvo en Dios. Y como el Señor había demostrado ser siempre fiel antes, confié en él ahora.

Quince

Hacia el final de 1972, comencé a hacerme serias preguntas acerca de mi futuro. "Señor", le pregunté, "si no es la Universidad, si no es Donald, ¿qué es entonces? ¿Qué es lo que tienes para mí?"

Estaba segura de que si Dios se llevaba algo mío, siempre lo reemplazaría con algo mejor. Mi experiencia me había enseñado esto al descansar en la soberanía de Dios. "Gozaos en el Señor", había dicho el salmista, "confiad en sus caminos'. Al hacerlo, se me hizo más fácil expresar la verdadera gratitud por lo que el Señor había traído a mi vida: bien, a la vez que sufrimiento.

El sufrimiento y el dolor de los últimos años habían sido los ingredientes que me habían ayudado a madurar emocional, mental y espiritualmente. Me sentía segura de mí misma e independiente, confiando en el Señor para mis necesidades físicas y emocionales.

El dolor y el sufrimiento tienen un propósito. No siempre vemos esto claramente. El apóstol Pablo sufrió por Cristo. Su experiencia incluyó cárceles, luchas, apedreamiento, naufragios y algún "aguijón en la carne" de carácter físico. La bendición del sufrimiento, como interpreta Romanos 5:3-5, J. B. Phillips, es que "podemos estar llenos de alegría aquí y aun en nuestros sufrimientos y problemas. Tomadas en el verdadero espíritu, estas cosas nos van a dar una paciencia sufrida;

esto, a su tiempo, producirá un carácter maduro, y un carácter como éste, produce una esperanza firme, una esperanza que nunca nos defraudará."

Yo sabía que Dios estaba obrando en mi vida para crear gracia y sabiduría a partir del caos, del dolor y de la desesperación.

Todas estas experiencias comenzaron a tomar forma visible a través de mi arte. Al comienzo, dibujaba por puro placer; luego para ocupar mi tiempo; finalmente para expresar mis sentimientos acerca de lo que Dios estaba haciendo en mí. Sentía, de alguna manera, que mi arte cabía en un esquema total de las cosas. Tal vez sería éste, "el don perfecto".

Pero lo que menos quería era que la gente admirara mis pinturas simplemente porque habían sido hechas por alguien en una silla de ruedas, sosteniendo el lápiz con la boca. Quería que mi trabajo fuera bueno en sí mismo, tanto en creatividad como en habilidad. Es por eso que estaba orgullosa y satisfecha cuando mis obras se expusieron en un festival de arte local, por su propio valor, no en razón de mi impedimento.

Por primera vez, comencé a dedicarme completamente a mi trabajo artístico. Hacía dibujos de cosas que tenían belleza en lugar de cosas que expresaban las emociones o los sufrimientos por los que yo había pasado. Era una colección con contenidos positivos, con la esperanza reflejada en los dibujos de animales, paisajes, gente. Como resultado de esto, la gente los aceptaba. Les atraían los dibujos de criaturas, montañas, flores y animales salvajes, y la belleza natural que expresaban estos temas.

Sentía honestamente que Dios me había conducido hasta aquí y que tenía bendiciones todavía mayores, reservadas para mí. Nunca lo hubiera creído uno o dos años atrás, pero ahora había llegado al punto en que ese "algo mejor" era ser soltera. Leí en 1 Corintios 6 y 7 que podía haber un llamado más alto que el matrimonio, para algunos. Una mujer soltera puede consagrarse al Señor con menos distracciones, no teniendo esposo, familia o casa para atender; y yo estaba libre de una rutina orientada hacia las tareas del hogar. No tenía, por cierto, los placeres y los privilegios propios de ese estado, pero Dios los había reemplazado por otras alegrías, y yo estaba más que satisfecha. Tenía libertad de ir y venir sin tener que comprometer a otras personas en mis horarios y programas. Podía viajar, trabajar hasta altas horas, leer, conversar, o hacer cualquier otra cosa. Gozaba de una gran libertad.

La gente me decía a menudo:

— Tú no tenías otra posibilidad que ser soltera. Es por eso que puedes aceptar ese papel con más facilidad que yo. Por eso puedes ser feliz. Pero yo estoy sola, frustrada e insatisfecha.

— No creo que me resulte más fácil a mí — les decía.

Cualquier persona que enfrenta la posibilidad de la vida de soltera debería confiar en la sabiduría de Dios. Por no confiar en él para mi propia vida, sino intentar manejar su voluntad en mi relación con Donald, yo también me frustré. Pero cuando no pude hacer otra cosa que aceptar, confiar, renunciar, se me hizo todo más fácil. Si aceptamos esta situación como viniendo de Dios, estamos libres de la constante agonía y ansiedad de preocuparnos, y de buscar desesperadamente. No conocer el futuro y estar preocupados acerca de él, causa la mayor parte de nuestra amargura y aflicción.

— ¿Quieres decir que debo dejar de esperar que alguna vez me vaya a casar? — me preguntó una muchacha un día.

— Digo que la aceptación del papel de soltera elimina la frustración de no saber — le contesté —. Pero ésa es la peor parte. Renunciar a la idea del matrimonio, con todos los sacrificios que esto implica, es lo más difícil.

Pero una vez que se lo ha aceptado, vivir como soltera es más fácil.

— Eso suena casi como una renuncia — observó ella.

— Tal vez lo es. Esto no quiere decir que Dios no nos va a permitir casarnos. Tal vez lo haga, tal vez no. Lo que quiero decir es que ya no importa, porque dejamos la elección y la decisión en el. Confiamos en su promesa de que "todas las cosas ayudan a bien, esto es, a los que conforme a su propósito son llamados".

— Pero yo siento que tengo necesidades que deben ser satisfechas, ¡que tengo derecho a casarme!

— Sólo Dios es capaz de decirnos cuáles son nuestros derechos y necesidades. Tienes que entregarle ese derecho a él. Comienza tu vida como soltera, trabajando y viviendo de acuerdo a las prioridades de servir y glorificar al Señor. A cambio de eso, Dios da una vida rica y llena de satisfacciones. En lugar de un compañero, él trae muchos amigos a nuestra vida para llenar nuestras necesidades emocionales y nuestra soledad.

— ¿Eso es lo que tú has experimentado, Joni?

— Sí, y cada día es mejor. Tal vez Dios te devuelva ese derecho a casarte después de que tu renuncia sea completa. Tal vez traiga a alguien a tu vida al final. Pero sostenerse fuertemente de esa esperanza y pensar constantemente en la posibilidad de que suceda, es terriblemente frustrante.

Los jóvenes escuchaban con respeto cuando yo compartía con ellos estos conceptos. Pero yo podía ver siempre sus reservas y sus dudas en sus ojos. Les costaba entender cómo la desventaja de ser soltero podría ser mejor que los placeres del matrimonio.

— La Escritura — les recordaba — dice en 1 Corintios: "Cosas que ojo no vio, ni oído oyó, ni han subido en corazón de hombre, son las que Dios ha preparado para los que le aman". El apóstol estaba comparando al hombre natural con el hombre espiritual en este pasaje, pero yo también creo que puede aplicarse a nosotros en lo referente a nuestro futuro.

— ¿Qué quieres decir? — me preguntó una muchacha un día.

— Bueno, pienso en la gran experiencia del amor, la ternura, y la satisfacción que podríamos tener con alguien; todas las cosas hermosas que llenan el corazón, la mente, los ojos, el oído. Dios está diciendo: *"Esto no es nada comparado con lo que viene después."* Todavía no sé lo que esto quiere decir. Pero he descubierto que Dios nunca pone ningún énfasis especial en el presente, excepto como preparación para el futuro. Ahora sólo tenemos un sentido limitado de la realidad. Esto no quiere decir que estoy pendiente del cielo y la vida del más allá. Simplemente me ayuda a poner las cosas dentro de la perspectiva correcta.

— Pero, ¿no crees que eso tiene más sentido para ti porque estás en una silla de ruedas? — me preguntaban generalmente.

— No, no lo creo. Esta es una verdad universal. Mucha gente que no está en sillas de ruedas tiene que enfrentarse con el problema de ser solteros, tanto como yo. Puede ser una fuente de constante irritación y frustración, o puede ser una alegría.

— ¿Quieres decir que piensas que nunca te vas a casar?

— No. No tengo ninguna idea ni en un sentido ni en otro. No estoy segura de que nunca me vaya a casar. O de que lo voy a hacer. Estoy contenta, me case o no me case.

— Bueno, ¿qué pasa con aquellos que no han llegado al punto en que pueden aceptar ese papel con tanta facilidad como tú?

— Si se es soltero, y no existen planes ni posibilidades en ese sentido, es preferible vivir como si Dios te fuera a mantener soltero hasta el momento en que él traiga a alguien o algo mejor para tu vida.

—Algo así como ese versículo que citaste, las "cosas que ojo no vio, ni oído oyó", ¿verdad? —preguntó alguien.

—Sí. A veces recuerdo experiencias de sensaciones, como el correr a través de campos cubiertos de césped, nadar en una corriente fresca y clara, escalar una escarpada montaña, oler flores, andar a caballo; todas sensaciones que tenía cuando estaba sana. Pero Dios dice que todo esto junto, no puede compararse con la gloriosa y futura realidad que él ha preparado para mí. Es como dije antes, el futuro es la única realidad que cuenta. La única cosa que podemos llevar al cielo con nosotros es nuestro carácter. Nuestro carácter es todo lo que tenemos para determinar qué clase de persona vamos a ser para toda la eternidad. Es lo que *seamos* lo que va a ser probado por fuego. Sólo las cualidades de Cristo en nuestro carácter van a perdurar.

Yo estaba agradecida por estas oportunidades de explicar cómo Dios estaba obrando en mi vida. Comencé a vislumbrar propósitos más maduros en todo su trato conmigo, y estaba más feliz que nunca. Mis experiencias me cargaron de energía creativa y de una madurez que no había tenido antes, y mi arte tenía una nueva calidad y profesionalismo.

Probaba con diferentes papeles, lapiceros, pinceles, y carbonillas. Experimenté con diferentes técnicas y estilos, concentrándome finalmente en los elementos que parecían funcionar mejor. Usando una delgada lapicera de felpa tipo *Flair*, dibujaba con precisión y control. Les daba dibujos a mis amigos como regalos de casamiento y de Navidad. Esta demanda de mis trabajos me mantenía bastante ocupada. Sin embargo, todavía no había encontrado una salida para mis dibujos que me permitiera obtener un ingreso por medio de ellos y que les diera un uso más lucrativo, dándome más independencia.

Luego, un día, un ejecutivo de seguros visitó la oficina de papá en el centro. Neill Miller es un hombre de negocios cristiano, enérgico, de buen carácter y próspero. Es jefe de zona de una Compañía de Seguros de Vida y Accidentes, además de estar activamente involucrado con varias obras de caridad de Baltimore. Neill Miller ve oportunidades donde otra gente ve obstáculos. A través de sus esfuerzos, celebridades nacionales se han interesado en las causas que él representa y han ofrecido sus servicios y capacidades.

Durante su visita a papá, el señor Miller observó uno de mis dibujos en la pared de la oficina.

— Verdaderamente me gusta mucho ese dibujo, señor Eareckson. ¿Es un original? — preguntó.

— Sí, y lo hizo mi hija — contestó papá.

— ¿Cierto? ¡Es toda una artista! Demuestra tener mucho carácter y ha logrado detalles de mucho realismo. Tiene un estilo original, y muestra una disciplina poco común — observó el señor Miller.

— Gracias. Se lo voy a decir — luego agregó papá —. Tal vez tenga interés en conocer a Joni, mi hija, ella es paralítica. Dibuja sosteniendo la lapicera con la boca.

— ¡Qué notable! — el señor Miller se puso de pie y examinó el dibujo más detenidamente —. Admirable, absolutamente admirable.

— Nunca ha tenido un aprendizaje formal — le explicó papá —. Yo he sentido afición al arte toda mi vida, y supongo que ella lo heredó de mí. Pero su talento y su estilo le son propios.

— ¿Ha exhibido alguna vez sus trabajos? — preguntó el señor Miller.

— No, en realidad no; solamente en algunos festivales. Lo hace por puro gusto. Dibuja para amigos y familiares, mayormente.

— Bueno, no podemos dejar que tal talento pase desapercibido — exclamó el señor Miller —. ¿Cree que se opondrá si yo organizo una pequeña exhibición para ella?

—Al contrario, creo que se va a alegrar.

—¡Fantástico! Déjeme ver qué puedo hacer. Lo voy a mantener al tanto.

El señor Miller telefoneó a papá luego para decirle que había arreglado una pequeña exposición en un restaurante local. Papá llevó todos los originales que había estado haciendo en los últimos meses al *Town and Country Restaurant* en el centro de Baltimore. Este restaurante es el lugar de reunión de los empresarios locales y de importantes figuras políticas; es bastante popular y prestigioso.

Yo esperaba una pequeña e informal reunión de gente que mirara mis dibujos, charlara, y siguiera su camino, ya que así era el modelo que yo había visto en varias otras exposiciones de arte de diferentes artistas. Secretamente esperaba poder vender uno o dos de mis dibujos.

Jay, Diana y yo partimos hacia el centro la mañana de la exposición. Se nos había dicho que llegáramos a las diez. Cuando Jay dobló en dirección al restaurante encontramos la avenida bloqueada.

—Es raro — observé —, no están trabajando en la calle ni nada por el estilo. ¿Por qué bloquearían una calle principal como ésta?

—No lo sé. Voy a doblar por esta calle del costado y cruzar — dijo Jay.

—Espera. No puedes pasar por allí tampoco. Hay un policía dirigiendo el tránsito.

—Debe ser algo de la Cámara de Comercio — observó Diana.

—Sí. Tal vez un desfile por el aniversario de Lincoln — agregó Jay.

—Debe ser un desfile . . . ¡miren! — exclamé.

—Una gran banda. ¡Qué emocionante! Lástima que

vamos a la exposición. Podríamos verla — sonrió Jay.

— Tal vez podrías doblar . . . — no terminé la frase.

Todas lo vimos al mismo tiempo y nos quedamos mudas, sin creer lo que veíamos.

La banda de música se había ubicado frente al restaurante. Y adornando el frente del edificio había un enorme anuncio que decía. "Día de Joni Eareckson." Un equipo de televisión estaba allí esperando, junto con una creciente multitud de gente.

— ¡Ay, no! ¿Qué ocurre? — exclamé —. ¡Rápido, Jay! ¡Dobla hacia el callejón antes de que nos vean!

Ella estacionó el automóvil en un espacio entre dos edificios, cómodamente fuera de la vista de la multitud.

— ¿Qué hago? — le pregunté a Jay —. Esto es increíble. ¿Qué es lo que han hecho?

— ¡Eh! Joni, nunca he visto algo como esto. Dijeron una "pequeña" exposición, ¿no es cierto?

Nos quedamos allí algunos minutos tratando de decidir qué hacer. Cuando se hizo obvio que no teníamos posibilidad de elegir otra cosa que seguir adelante, Jay dio marcha atrás con el auto y se dirigió al restaurante.

Yo oraba interiormente para que Jay, con su propia nerviosidad, no me dejara caer cuando ella, y el señor Miller me levantaran del auto para ponerme en la silla de ruedas.

Dije, conteniendo el aliento:

— Señor Miller, ¿qué ha hecho?

Pero antes que él pudiera explicar nada, ya estaba asediada por todos lados.

Periodistas del *News American* de Baltimore y de la televisora NBC local afiliada, me bombardeaban a preguntas. Yo parpadeaba toda avergonzada tratando de poner en orden mis pensamientos. Un representante de la FTD, traído por un chofer uniformado, me entregó un hermoso ramo de rosas. Un funcionario de la municipalidad leía una proclama del alcalde anunciando una semana de nuestras artísticas locales en la que se me honraba con la institución del "Día de Joni Eareckson". Estaba anonadada y un poco aturdida por todas las atenciones.

Le pregunté al señor Miller:

—¿Era realmente necesario todo esto?

Pensaba que tal vez el foco de interés de la exposición se perdería o sería mal interpretado, con la atención de toda la gente centrada en la silla de ruedas. Sin embargo, a medida que el evento se desarrollaba, no ocurrió tal cosa. Me disculpé por mi juicio apresurado. Tal vez me había hecho demasiado sensible a estos asuntos, presuponiendo la típica lástima y condescendencia destinada a la gente en silla de ruedas. Yo ya había experimentado (un hecho corroborado por la Fundación Parapléjica Nacional) la dificultad de hacer que la gente que no me conocía me aceptara como intelectualmente igual a ellos.

Tal vez yo reacciono exageradamente a este tipo de situaciones, pero estoy intensamente interesada en hacer que la gente se relacione conmigo, con mi arte, o con mi testimonio cristiano, estrictamente por sus propios méritos. No quiero que mi silla de ruedas sea el foco de atención cuando hablo con la gente, ya sea de arte o de Cristo.

No estoy molesta por la silla, así que no lo estén tampoco ustedes, es lo que quisiera decirles a todos.

Los actos fueron excelentes, y el interés en mis trabajos no se perdió. Las preguntas de los periodistas se referían primordialmente a mis trabajos; la silla era un simple fondo.

El señor Miller me dijo:

—Joni, tienes la visión muy corta. No te das cuenta lo buena artista que eres. Discúlpame si todo esto te molestó al comienzo. Pero supongo que no creo en hacer cosas "pequeñas".

El entusiasmo alcanzó su punto máximo después de los actos. Y el resto de la exposición siguió luego el curso típico de tales ocasiones.

La gente preguntaba:

— ¿De dónde obtienes las ideas para tus dibujos?

— ¿Cuánto tiempo te lleva completar una pintura?

— ¿Has estudiado arte en forma profesional?

Cuando en determinado momento la multitud disminuyó, el señor Miller trajo a un joven alto y apuesto y me lo presentó. Tenía las manos en los bolsillos de su saco, y parecía estar incómodo.

— Quería que él hablara contigo, Joni — dijo el señor Miller, y se marchó dejándonos allí mirándonos uno al otro con poca naturalidad.

— Me alegro de conocerlo — le dije —. ¿Le gustaría sentarse?

Se sentó en un banco próximo, sin hablar, y yo comencé a sentirme incómoda.

¿Por qué esta aquí? No parecía tener interés en hablar conmigo. Mis esfuerzos de charlar eran inútiles. Sin embargo pude ver en sus ojos que algo lo molestaba.

Intenté una vez más, y le pregunté:

— ¿A qué se dedica?

— A nada — luego, casi como una concesión, murmuró —: Antes era bombero. Pero ahora no puedo trabajar.

— ¿A sí?

¿Qué digo ahora?

— Em . . . ¿qué pasó?

— Fue un accidente.

— ¿Sí?

Se movía nerviosamente en el asiento.

— Mire — dijo —, no sé por qué estoy aquí. Miller me dijo que debía venir a hablar con usted . . . que había pasado un período muy duro hace un tiempo . . . con su lesión.

— Sí . . . claro que lo pasé. Supongo que me hubiera

210

quitado la vida si hubiera podido usar los brazos. Estaba realmente desesperada. Pero . . . — dándole a entender que yo todavía no sabía cuál era su problema.

Su atractivo rostro juvenil se contrajo con angustia. Levantó los brazos, sacando las manos de los bolsillos del saco. Pero no tenía manos, sólo unos muñones con cicatrices, de haber sido amputadas.

— ¡Mira estos horribles muñones! — me dijo —. Se me quemaron las manos con fuego, y ya no existen. No lo puedo superar.

La frustración, la rabia contenida, y la amargura se exteriorizaron cuando su voz se quebró

— Lo siento — le dije —, pero el señor Miller tenía razón, yo creo que puedo ayudarlo.

— ¿Cómo? — me dijo en tono cortante —. Nunca recuperaré mis manos.

— Lo sé. No quiero parecer una charlatana. Pero he pasado por lo que usted está pasando. Conozco el enojo, la sensación de injusticia, de haber sido defraudada y pisoteada en mi propia estima. Yo tuve esos mismos sentimientos. Tal vez sea peor para un hombre que trata de ser independiente y capaz de sostenerse a sí mismo. Pero creo que puedo identificarme con usted.

Le dije algo acerca de mis experiencias en el hospital de Greenoaks. Le admití que sus sentimientos eran lógicos.

— Pero, ¿cómo los superó? ¿Cómo soporta la lesión? La veo animada y no demuestra ninguna amargura. ¿De dónde saca fuerzas para hacerlo? — preguntó.

— Hombre, eso es toda una historia. ¿Le gustaría que se la contara?

Asintió. Le conté como la relación con Jesucristo da acceso a Dios y a todo su poder. Compartí con él la forma en que Dios había estado obrando en mí los últimos años y cómo me había ayudado a enfrentar mis temores y a continuar con la tarea de vivir. Luego le expliqué el mensaje simple del evangelio que yo había oído cuando tenía quince años, en un campamento de *Young Life*.

Su cara se fue iluminando a medida que hablábamos. Casi por media hora compartí los principios que Dios me había enseñado. Cuando se fue, me dijo:

— Gracias, Joni. Neill Miller tenía razón. Usted me ha ayudado. Voy a volver a probar. Gracias.

(Hoy día este hombre tiene un nuevo entusiasmo por la vida y es el principal orador de los cursos auspiciados por el departamento de bomberos de la ciudad.)

Mientras tanto la exposición en el restaurante llegó a su fin, y la idea de Neill Miller demostró ser el evento que puso en marcha mi carrera artística. Al anochecer, me asombré de que había sacado un monto de unos mil dólares por la venta de originales, que se vendieron entre cincuenta y setenta y cinco dólares cada uno.

Debido a esta exhibición obtuve la posibilidad de exponer mis trabajos por el canal 11 de Baltimore. Además de cubrir los gastos de la exhibición, me invitaron a participar en una entrevista local para presentar mis trabajos artísticos.

Seymour Kopf del *News American* de Baltimore, incluyó un artículo de toda una columna en su diario.

"¿Por qué firmas tus dibujos con PTL?", fue una de sus preguntas. Transcribió mi respuesta en forma completa en la columna del diario.

"Significa 'Alabado sea el Señor' *(Praise The Lord)*. Ya ve señor Kopf, Dios nos ama y *tiene interés* en nosotros. Para aquellos que aman a Dios, todas las cosas, incluso lo que me ocurrió a mi a los diecisiete años, ayudan a bien. Dios ha sido bueno conmigo. Ha implantado en mi carácter el reflejo de Cristo, ha plasmado mi felicidad, mi paciencia, mi propósito en la vida. Me ha dado satisfacción. Mi arte es un reflejo de cómo Dios puede dar poder a alguien como yo para vencer las circunstancias."

Se me invitó a participar en muestras locales de arte ese año. La exposición me abrió las puertas para hablar en clubes de mujeres cristianas, escuelas, grupos de iglesia, y actos cívicos, donde no sólo mostraba mis trabajos artísticos, sino que también compartía mi testimonio cristiano. Incluso hice una gira especial por la Casa Blanca, donde dejé uno de mis dibujos para la entonces Primera Dama, Pat Nixon.

Me ofrecieron aparecer en otros programas de radio y televisión, y cada nuevo contacto parecía generar mayor número de eventos y presentaciones.

Sobre la base de las crecientes ventas, pude percibir con emoción una pequeña medida de independencia. No sería una carga económica para nadie sino que ahora podría ganar mi propio sustento. Incluso creé una línea de tarjetas de felicitaciones y reproducciones impresas de algunos de mis dibujos, y también comenzaron a venderse bien. Le dimos a la compañía el nombre de JONI PTL, y se expandió rápidamente.

Por este tiempo, un amigo cercano, Andy Byrd, me contó de su plan de conseguir la concesión de una librería cristiana y poner un negocio; quiso saber si me gustaría participar. Hablamos con Ken Wagner, quién se convirtió en un tercer socio.

Nuestros planes no sólo nos proporcionaban entusiasmo, sino que parecían ser una sólida inversión financiera. Una librería cristiana era algo por lo cual muchos de nosotros habíamos estado orando, por considerarlo algo necesario en Western Baltimore.

Finalmente, en septiembre de 1973, después de meses de hacer planes, orar y de invertir mucho trabajo, se inauguró la *Librería Logos*, en la calle North Rolling, que es el paseo comercial frente a la Plaza Rolling. Antes de que se inaugurara el negocio, rodeados de cajas de materiales, libros para ponerles precio, y otros artículos, nos pusimos a orar. Nuestra oración de dedicación fue para la gran cantidad de compradores de orientación secular que pasaban por allí, para que nuestro negocio fuera un centro de interés y alcance cristiano donde la gente pudiera venir en busca de ayuda.

Usaba el negocio como centro de venta de mis dibujos originales e impresiones de diferentes originales. Se vendían casi tan pronto como los terminaba. Entre la librería, los compromisos para hablar, y los festivales de arte, me era difícil atender a toda la demanda.

Escribí un breve testimonio que hice imprimir y que entregaba en las muestras de arte, mientras dibujaba. Allí explicaba mis métodos de dibujo poco comunes y mi fe en Cristo, y llegó a convertirse en una buena herramienta para aconsejar y dar testimonio ya que la gente que venía a mirar se paraba a charlar y a comentar acerca del poder de Dios en mi vida.

Por encima de todas las actividades y eventos había un interés primordial: que, en lo humano, mi arte me ayudara a ganar independencia, y, lo que era más importante aún, que fuera usado para la gloria de Dios.

Dieciséis

Una hermosa mañana, hacia el final del verano de 1974, estaba sentada afuera en la casa de campo de Sykesville, cuando me llamaron por teléfono.

— Señorita Eareckson, la estoy llamando del programa de "Today Show" de Nueva York. Nos gustaría que participara y nos contara su historia y mostrara sus dibujos. ¿Podría venir?

Tenía el corazón en la garganta. ¡El "Today Show"! . . .

— Por supuesto — contesté. Me encantaría ir.

Jay se paró al lado del teléfono para anotar toda la información. Concertamos una presentación para el 11 de septiembre.

Jay me llevó a Nueva York, junto con nuestras amigas Sheri Pendergrass y Cindy Blubaugh que iban para ayudarnos. Después de instalarnos en el hotel el día antes de la presentación programada, fuimos al Rockefeller Center para encontrarnos con el director. Me explicó el procedimiento, y discutimos las posibles preguntas de la entrevista. Me hizo sentir tranquila y cómoda, no sólo en cuanto a la preparación sicológica para el show, sino también con el tipo de preguntas que la maestra de ceremonias, Barbara Walters, me haría.

A la mañana siguiente, temprano, me encontré sentada frente a Barbara Walters. Las luces invadieron la sala con calidez y brillo. La señorita Walters sonrió y dio una rápida ojeada a sus apuntes.

—Sólo tienes que estar tranquila, Joni — dijo cariñosamente —. ¿Estás cómoda?

—Sí. Gracias.

—Perfecto.

—¡Quince segundos! — gritó alguien desde detrás de las cámaras.

Yo no estaba tan nerviosa como creía que iba a estar, probablemente porque estaba segura de lo que tenía pensado decir y de que mi testimonio sería compartido por tantos millones de personas. No sabía lo que la señorita Walters tenía planeado preguntarme, pero sabía que nada de lo que me pudiera preguntar me haría sentir incómoda.

—Diez segundos.

Señor, oré rápidamente, *dame confianza, sabiduría, oportunidad. Haz que todo tenga sentido.*

—Cinco.

Tragué saliva y me mojé los labios, mientras observaba al director de la sala contar los segundos con los dedos.

—Tres, dos, uno.

Sobre una de las cámaras se prendió una luz roja, y Barbara Walters se volvió hacia ella.

"Queremos mostrarles una colección de dibujos que tenemos en el estudio hoy — dijo — y como pueden ver, son dibujos que obviamente han sido ejecutado con habilidad y por lo que aparenta ser una excelente mano. Pero fueron hechos de una manera diferente, creo, a la de cualquier otro dibujo que hayan visto antes. La artista es Joni Eareckson, de Baltimore, Maryland."

Luego se volvió hacia mí, y comenzó la entrevista. No recuerdo todo lo que dije, pero sí que la señorita Walters logró que la entrevista fuera muy natural y agradable. Sus preguntas eran interesantes, y no tenían nada de sensacionalistas. Me gustó en el acto, y sentí como si la hubiera conocido desde siempre, como si fuera una vieja amiga.

La cámara también captó muestras de mis dibujos mientras hablábamos. La entrevista duró diez minutos antes de que la señorita Walters cortara para la señal del canal. Luego, mientras los canales afiliados volvieron a sus noticias locales, me entrevistó por otros cinco minutos para los televidentes de la ciudad de Nueva York.

Tuve oportunidad de decir todo lo que quería decir. La señorita Walters me agradeció y volvió a sus tareas con otras presentaciones para el show de ese día.

Eleanor McGovern, la esposa del senador, también estaba invitada esa mañana. Conversamos largo rato después que el show salió al aire. Me contó cómo su esposo, George, quien previamente fuera candidato demócrata a presidente, también había descubierto algunos de los valores y conceptos que yo sustentaba.

— Fue cuando estudiaba para pastor, antes de que se interesara en la política — explicó la señora McGovern, y charlamos acerca de sus propios valores espirituales y creencias. Le di un dibujo de Cristo que yo había hecho, y cambiamos direcciones para mantenernos en contacto.

Cuando el equipo de producción comenzó a ordenar las cosas, apagar las luces, y poner los forros a las cámaras, recién pude reflexionar acerca de todo lo que había sucedido.

— Piensa solamente — observó Jay —, que probablemente has hablado a veinte o treinta millones de personas esta mañana, acerca de tu fe. ¡Esa sí que es toda una oportunidad!

El señor Al Nagle, presidente, y el señor John Preston, vicepresidente de la *Paper Mate*, una división de la Compañía Gillete, estaban observando la televisión esa mañana. Habían notado que yo usaba la lapicera *Flair*, y su compañía organizó varias exhibiciones nacionales.

Mucha otra gente que había estado escuchando el "Today Show" esa mañana, me escribió cartas. Algunos querían impresiones de mis trabajos artísticos, otros pedían tarjetas de felicitaciones, y algunos incluso preguntaban acerca de mis experiencias espirituales.

Mi primera exposición subvencionada por la Compañía *Paper Mate* se hizo en Chicago, en las prestigiosas Galerías Rubino de LaSalle Street, a un paso del famoso John Hancock Center.

Expuse mis trabajos y mostré mi manera de dibujar por espacio de una semana. Durante ese tiempo fui entrevistada por el canal CBS-TV afiliado a Chicago, para el "Lee Phillip Show".

Cuando volvimos a casa, me recibió otra lluvia de cartas. Comencé a estar abrumada de solicitudes para nuevas entrevistas. Se programaron exposiciones para el Lincoln Center en Nueva York y el Atlantic Richfield Plaza en Los Angeles. Iglesias y agrupaciones cristianas hacían contacto conmigo para que fuera a hablarles. Las revistas *Women's Day, People, Teen,* y *Coronet* me pidieron entrevistas. *Campus Life* publicó una historia de cuatro páginas. *Moody Monthly* y *Christian Life* también escribieron artículos. Hubo más presentaciones en la radio y la televisión.

Me di cuenta cómo el Señor estaba por usar el "Today Show" para ampliar el alcance de mi testimonio y abrir muchas nuevas puertas.

Epílogo

No sería emocionante si en este preciso momento, delante de ustedes, yo pudiera quedar milagrosamente sana, levantarme de la silla y caminar por mí misma? ¡Qué milagro! Todos estaríamos emocionados y alabando al Señor. Sería algo que podríamos comprobar por nosotros mismos. Podríamos ver, realmente, la maravilla y el poder de Dios. ¿No sería conmovedor? — estaba hablando a una audiencia de 1.600 jóvenes.

Hice una pausa mientras ellos visualizaban la escena. Luego continué:

—Pero mucho más emocionante y maravilloso, en última instancia, sería el milagro de la salvación de cada uno de ustedes. ¿Ven? Eso es más emocionante porque es algo que va a durar para siempre. Si mi cuerpo fuera curado de repente en forma milagrosa, estaría sobre mis pies unos treinta o cuarenta años más, luego este cuerpo moriría. Pero un alma vive para siempre. Desde el punto de vista de la eternidad, mi cuerpo es sólo un chispazo en el lapso temporal de la eternidad.

Después alguien me preguntó:

—¿Has pensado alguna vez que por ser tan decidida y de una voluntad tan determinada la única manera que Dios pudo obrar en tu vida fue "sacudirte" y ponerte en una silla de ruedas?

Sacudí la cabeza negativamente.

—En los Salmos se nos dice que Dios no trata con nosotros conforme a nuestros pecados o iniquidades. Mi accidente no fue castigo por mis malas acciones, lo mereciera o no. Sólo Dios *sabe* por qué estoy paralizada. Tal vez sabía que yo sería más feliz en definitiva sirviéndole a él. Sería difícil saber cómo hubieran resultado las cosas si todavía estuviera sana. Probablemente me hubiera abierto un camino en la vida, matrimonio, incluso quizás divorcio, insatisfecha y desilusionada. Cuando estaba en la escuela secundaria, reaccionaba frente a la vida en forma egoísta, y nunca me apoyé en valores duraderos. Vivía simplemente para cada día, y para el placer que quería darme, y casi siempre a costa de otros.

—Pero ahora, ¿eres feliz? —me preguntó un adolescente.

—Lo soy, realmente. No cambiaría mi vida por nada. Incluso me siento privilegiada. Dios no da una atención tan particular a todos, ni interviene de este modo en la vida de ellos. Permite a casi toda la gente seguir sus propios caminos. No interfiere aun sabiendo que en definitiva están destruyendo sus vidas, su salud, su felicidad, y eso le debe doler terriblemente. Estoy verdaderamente agradecida de que Dios hiciera algo para lograr mi atención y cambiarme. Saben, no necesitan romperse el cuello para llegar a Dios. Pero la verdad es que la gente no siempre escucha las experiencias de otros y aprende algo de ellas. Espero que ustedes sí aprendan algo de mi experiencia, para que no tengan que pasar por las lecciones amargas de sufrimiento que yo he tenido que enfrentar para crecer.

En los meses que siguieron al viaje a Chicago, comencé a ver la silla de ruedas como un instrumento para crear una "situación de aula" poco común. Era particularmente gratificante ver a muchos jóvenes entregarse a Cristo después de compartir mi experiencia con ellos. Esto también representaba mi "don perfecto".

Comprendí por qué Pablo podía "regocijarse en el sufrimiento", por qué Santiago podía "recibir las pruebas como si fueran amigos" y por qué Pedro no debía asombrarse cuando su "fe fuera puesta a prueba". Todas estas cargas y dificultades tuvieron un final positivo y resultaron en "alabanzas, honor y gloria" a Cristo.

Silenciosamente agradecí al Señor por el progreso que me había ayudado a hacer. Recordaba cómo en el hospital, uno pocos años atrás, alguien me había dicho:

— Piensa en todas las coronas que recibirás en el cielo por tus sufrimientos.

— No quiero coronas — había contestado entonces torpemente —. Quiero estar de nuevo sobre mis pies.

Ahora mi pensamiento era:

— Bueno, si estoy ganando coronas, quiero seguir así, porque es lo único que puedo darle al Señor Jesucristo cuando me encuentre con él.

Estoy realmente entusiasmada por las "oportunidades de sufrir por su causa", si eso significa que puedo aumentar mi capacidad de alabar a Dios en este proceso. Tal vez suena falso o irresponsable decir eso.

Sin embargo realmente siento que mi parálisis no tiene importancia.

Las circunstancias han sido puestas en mi vida con el propósito de cultivar mi carácter y hacerme semejante a Cristo, y reflejar sus cualidades. Y hay otro propósito. 2 Corintios 1:4 lo explica en términos de ser capaces de consolar a otros que sufren el mismo tipo de pruebas que nosotros.

La sabiduría consiste en *confiar* en Dios, no en preguntar, "¿Por qué, Dios?" Cuando me tranquilizo y me dejo en manos del Señor, sé que él tiene el control de las cosas. No es una aceptación ciega, irracional o estoica, sino es el llegar a conocer a Dios y saber que él merece mi confianza. Aunque yo soy inconstante y hago trampas, Dios no las hace; aunque yo he tenido subidas y bajadas, amarguras y dudas, él es constante, y su amor es permanente.

Santiago, el apóstol, escribió a gente que estaba siendo despedazada por leones. Ciertamente que su pérdida era mucho mayor que la mía. Si esas palabras eran suficiente para sus necesidades, también pueden llenar las mías.

Al escribir esto, el año 1975 está llegando a su fin y estoy sentada en mi silla tras las bambalinas de un gran auditorio en Kansas City. Se me ha pedido que hable a unos 2.000 jóvenes en una reunión de *Youth for Christ* (Juventud para Cristo) esta noche.

He tenido varios momentos para descansar y reflexionar detrás de las pesadas cortinas que me separan del resto de la audiencia. Mi mente ha recorrido las escenas de los últimos ocho años. Rostros familiares de mis parientes y amigos vienen a mi mente. Jay, Diana, Dick, Donald, mis padres, Steve: personas que Dios ha traído a mi vida para ayudarme a doblegarme y a moldearme más a la imagen de Cristo. Puedo — y lo hago — alabar a Dios por todo, las risas y las lágrimas, la alegría y el dolor. Todo ha sido parte del "crecer en gracia". Aquella jovencita que se turbaba emocionalmente y flaqueaba con cada nueva circunstancia, ahora se ha transformado en una mujer que ha aprendido a descansar en la soberanía de Dios.

Oigo la voz del director de *Youth for Christ*, Al Metzger. Repentinamente, el motivo de que yo esté aquí se me vuelve a poner claramente en evidencia. Durante los treinta minutos siguientes, voy a hablar a 2.000 muchachos y chicas, contándoles cómo Dios transformó una adolescente inmadura y terca, en una joven mujer, segura de sí misma, que está aprendiendo a regocijarse en el sufrimiento. Tengo una oportunidad única. Lo que yo comparta con ellos puede determinar dónde van a pasar la eternidad, así es que enfrento seriamente esta responsabilidad.

Les voy a contar acerca de los pasos que Dios tomó en mi vida y explicar sus propósitos, como los entiendo ahora, en el presente. Entre tanto, voy a compartir con ellos mis conceptos de la naturaleza amante de Dios, su carácter, el propósito de la venida de Cristo, y la realidad del pecado y del arrepentimiento.

Al Metzger, está terminando su presentación. Chuck Garriott lleva mi caballete a la plataforma, mientras su esposa, Debbie, empuja mi silla hacia la luz de los reflectores. Mientras terminan los aplausos, acallo mis ideas, y oro para que el Espíritu Santo utilice una vez más mis palabras y mi experiencia para hablar a la gente. Con optimismo, aquí, como en muchas otras reuniones, grupos de jóvenes van a responder a Dios. Pero yo estaré satisfecha si solamente una persona se allega a Cristo.

Hasta una sola persona haría que la silla de ruedas justificara lo que estos ocho años han costado.

CPSIA information can be obtained
at www.ICGtesting.com
Printed in the USA
LVHW080858110323
741307LV00001B/1